中央财经大学
Central University of Finance and Economics

中央财经大学中央高
Supported by the Fundamental

U0498845

张相林 著

我国海外高层次人才团队式引进研究

Research on Team-based Introduction of High-level Overseas Talents in China

中国财经出版传媒集团

经济科学出版社
Economic Science Press

·北京·

图书在版编目（CIP）数据

我国海外高层次人才团队式引进研究／张相林著．
北京：经济科学出版社，2024.12. –– ISBN 978 – 7
– 5218 – 6021 – 4

Ⅰ. C964.2

中国国家版本馆 CIP 数据核字第 2024RU8008 号

责任编辑：王　娟　徐汇宽
责任校对：刘　娅
责任印制：张佳裕

我国海外高层次人才团队式引进研究

WOGUO HAIWAI GAOCENGCI RENCAI TUANDUISHI YINJIN YANJIU

张相林　著

经济科学出版社出版、发行　新华书店经销
社址：北京市海淀区阜成路甲 28 号　邮编：100142
总编部电话：010 – 88191217　发行部电话：010 – 88191522
网址：www. esp. com. cn
电子邮箱：esp@ esp. com. cn
天猫网店：经济科学出版社旗舰店
网址：http：//jjkxcbs. tmall. com
北京季蜂印刷有限公司印装
710×1000　16 开　11.75 印张　200000 字
2024 年 12 月第 1 版　2024 年 12 月第 1 次印刷
ISBN 978 – 7 – 5218 – 6021 – 4　定价：48.00 元
（图书出现印装问题，本社负责调换。电话：010 – 88191545）
（版权所有　侵权必究　打击盗版　举报热线：010 – 88191661
QQ：2242791300　营销中心电话：010 – 88191537
电子邮箱：dbts@ esp. com. cn）

前　言

改革开放40多年的经验证明了，我国政治、经济、文化领域的迅猛发展与高度重视人才密不可分，与引进海外人才和国际智力密不可分，尤其是进入新时代之后，这种人才交流和集聚显得更加重要。纵观我国海外人才引进和开发工作应该说成效斐然，但也存在不足，主要是高层次人才相对缺乏。因此，在知识经济和人才资源全球化流动的国际背景下，我国应该更加积极开展海外人才引进，扩充我国的高层次人才队伍，以应对激烈的全球竞争。

我国海外引智工作取得巨大成绩的同时，目前还存在诸多问题，比如：理论研究和法制建设滞后，人才引进政策的制定缺乏系统性、整体性分析，导致需求与供给结构失衡；政策同质化严重，人才引进同质化、重复引进情况同时存在，导致竞争失序和人才区域分布失衡；政策稳定性、连续性差，资源持续投入不足，导致引进人才再流失；重引进轻管理，没有建立起科学的风险管理、绩效评价和激励机制，人才引进的绩效目标未能较好达成；引进各自为政，市场配置作用缺乏，引进模式不灵活，产生"人才孤岛"，同业间缺乏合作；人才引进主要面向优秀个体或领军人才，团队式引进和团队建设不足，部分引进个体因缺乏配套支持团队，又回流到国外，形成了"引进来，留不住"的困境。

《2018年全球人才竞争力指数报告》对占全球GDP的近98%的119个国家进行了测评和排名，研究显示，中国在人才吸引（第76位）和保留全球优秀人才（第64位）方面相对较弱。在《2021年全球人才竞争力指数报告》中显示，中国首次进入前40名（第37位），但在人才吸引和保留全球优秀人才方面分别排在第78位和第70位，这也表明中国虽然随着时间的变迁在进步，但仍需在发展内部人才的同时设法从国外吸引大量人才。该报告评估了国家在人才培养、吸引、留存等方面的表现，帮助决策者更客观地认识全球人才竞争格局，从而为自身竞争力战略做出更好决策。

本书通过分析上海浦东、深圳市、北京中关村等国内标杆区域的海外人才引进政策以及部分省市的人才团队式引进模式探索，对我国海外人才团队式引进模式的必要性和可行性进行了初步探索。另外，借鉴广东省海外高层次人才团队绩效评价方法和实践，分析归纳了影响人才团队绩效的关键因素，探索构建了海外人才团队绩效评价体系和风险评估体系。结合国内外已有的研究和实践经验，本书提出了海外人才团队式引进的相关政策建议。主要观点有：在强化政府统筹与管控作用前提下，进一步发挥市场在人才引进中的决定性作用；紧密结合国内外政治和经济发展的新形势和新常态，加快人才团队式引进制度建设；加快转变人才工作思路，重引进更重管理，推动人才管理模式创新；加强团队引进风险评估和团队绩效评估研究，科学构建人才引进风险管理和团队绩效评价体系；改革薪酬与科研经费管理办法，构建面向团队兼顾个人的激励机制；建立海外人才团队资源库，重视人才与团队资源信息化管理。

目　　录

导　论

1.1　选题背景与意义

1.1.1　选题背景

1.1.1.1　海外高层次人才的需求庞大

伴随经济全球化的深入发展，各国经济联系日益紧密，全球经济已成为有机互动的整体。随着高新技术产业和经济全球化的不断发展，世界产业结构正在向高科技化方向发展，发展中国家要想在国际竞争中占据一席之地也需积极进行产业升级；与经济全球化相伴的是科技的进步和人才的全球流动，知识经济方兴未艾，科技进步和科学管理推动与实现产业升级，而二者主要依靠高层次人才。根据世界银行测算数据，在自然、物质、人才资源等生产要素中，人才资本相比实物资本，重要性高出 3 倍。① 人才成为当今世界最为重要和稀缺的资源，因此各国的人才争夺战愈演愈烈。

全球化对人才跨国流动产生了巨大影响，人才供给的质量已经是决定全球化价值链提升的关键因素，是全球激烈争夺人才的关键。根据联合国经济和社会事务部相关数据，全球国际移民数量从 2000 年的 1.73 亿人增加到

---

① 李志刚. 大力培育发展现代人力资本产业 [J]. 中国人才, 2019 (5): 44 - 45.

2020 年的 2.81 亿人,国际移民占全球总人口的比重从 2000 年的 2.8% 上升到 2020 年的 3.6%。从国际移民的目的国来看,美国是最大的移民目的国,有着超过 5100 万的国际移民。①《全球人才流动趋势与发展报告(2022)》指出,工作型移民在国际移民中占主要地位,2019 年约有 1.69 亿工作型国际移民,占国际移民总数的 62%。46.3% 的工作型国际移民分布在北欧、南欧和西欧、北美的发达国家,约 67% 的工作型国际移民聚集在高收入国家,19.5% 在中高收入国家。世界各国都普遍认识到,吸引海外人才是增强竞争力的重要手段,不仅如此,这也为在更短的时间内突破技术瓶颈,不断提升国家科研水平,提供了一条捷径。在我国经济转型和人才结构优化的关键时期,随着开放的扩大,经济结构的整体转型升级和国家层面的人才引进方案的出台,迎来了一波海外高层次人才来华创业的小高潮。改革开放 40 多年来,随着改革的推进,我国高度重视海外高层次人才的引进工作,为此先后出台了一系列人才引进的计划,这些计划为高层次海外人才提供了前所未有的发展空间和广阔舞台,中国对于海外高层次人才吸引力倍增。

1.1.1.2　各地各行业海外人才引进政策的同质化现象严重

在当今世界,人才竞争主要表现为人才制度供给能力的竞争。进入 21 世纪以来,特别是 2008 年以来,我国各地方政府在区域竞争加剧的压力下,相继出台引进海外高层次人才的特殊政策,在先前"招商引资"大战的基础上又开展了一轮"招才引智"大赛。在这场激烈的人才竞争中,同质化竞争成为一种普遍现象,一些地方甚至陷入优惠政策比拼的困境。

1.1.1.3　海外高层次人才引进过程中团队建设不足

在如火如荼的引进工作中,也有不少问题存在,例如,理论研究和法制建设滞后、存在"引进来,留不住"等情况。究其原因,主要是部分引进个体能力虽强,但是由于缺乏相配套支持的团队,难以在工作中做出成

---

① 资料来源于《国际移民组织(IOM)世界移民报告 2022》。

绩，不得不又回流到国外。当前，我国海外人才引进主要面向优秀个体或领军人才，团队式引进和团队建设存在严重不足。2021 年全国两会上，全国青联对完善我国海外引才工作机制提出建议——及时引进能够突破关键技术、发展新兴产业、带动前沿科学发展的国际化领军人才和研发团队。2018 年，公安部和上海市政府共同推出"上海出入境聚英计划（2017—2021）"，计划指出每年将在上海试点试行一批政策，以吸引高端海外人才。新政之一为顶尖人才可拥有外国人永久居留推荐权：可以推荐 6 名科研团队成员申办外国人永久居留身份证。以达到海外高端人才团队式引进的作用。

笔者曾带领课题组针对京沪二地科研机构（高校）留学回国人才的团队建设需求问题进行问卷调查。在调查中，针对"回国之后，您认为自己在工作过程中是否已经形成团队"的设问，仅有 23.68% 的受访者表示"已经形成，并拥有发言权"，有 43.42% 的受访者表示"没有形成团队，但需要形成团队"，甚至有 1.97% 的受访者表示"已经形成团队，但感觉受到排挤"，可见，有超过四成的受访者面临着强烈的团队建设需求。

即使是在已经形成的团队中，还面临不同类型人才的组织与配置、复杂的主体间社会关系等非专业因素的干扰。此外，在团队合作中高层次人才还不同程度地面临着工作冲突的困扰。这些问题都会严重影响到留学回国人才对于国内发展环境的再适应。

事实上，核心人物纵然关键，如果缺乏高效的团队支持，仍然难以创造其应有的工作成绩。因此，团队式的引进工作势必成为下一步人才引进工作的趋势。笔者于 2015 年、2016 年分别在北京和上海针对海归群体进行了两次问卷调查。调查发现，我国当前海外人才在工作中存在团队合作氛围较缺乏、工作冲突困扰、团队领军人才与团队协调配合不足等问题。海外人才团队式引进可作为现有海外引智方式的重要补充与拓展，以满足这一群体的政策需求。基于上述背景，本书研究海外高层次人才的团队式引进方式，试图完善海外高层次人才团队式引进的政策系统机制，推广海外高层次人才团队的绩效考核，强化海外高层次人才团队式引进的风险意识，以解决当前问题，突破瓶颈，促进我国海外人才引进工作发展。

1.1.2 选题意义

1.1.2.1 理论意义

从舒尔茨开始提出人力资本概念后，人力资本不仅仅是简单成为了资本中与物质资本相对应的一方面，与此同时，人力资本开始被作为推动经济持续增长的一个全新的极其重要的要素考虑，逐渐发展为相对比较系统的理论，即人力资本理论。事实上，国外关于人力资本问题的各个方面和各个维度的研究成果要远远多于国内。人力资本国际流动方面的问题在国外从各个角度都得到了研究分析，而国内关于人才团队式流动以及团队式引进方面的研究则是凤毛麟角。

1.1.2.2 现实意义

团队引进与建设问题是长期困扰海外人才引进工作的重大问题，不仅直接影响到留学回国科技人才的贡献率，而且影响到海外人才引进工作的可持续性。我国的海外人才引进工作，已经有条不紊地在全国各地开展。但是，我国很多地方和部门在吸引海外高层次人才的过程中，思维方式并不科学，很多地方沿袭了招商引资的老方式、老方法，该方法片面强调规模和数量，而忽略了人才的能力结构、专业结构匹配、发展潜力、团队合作需求等，更忽视了所需引进的这些人才之间的团队合作问题，当然也忽视了与当地产业发展或是科研领域发展之间的匹配性问题。

因此，在学术界相关研究成果的基础上，本书结合各地已有的探索实践及传媒、学界的讨论，科学分析开展海外人才团队引进的可行性、基本路径和政策机制，对于完善我国的高层次人才引进工作具有重要的现实意义。

1.2　研究思路与方法

1.2.1　研究方法

1.2.1.1　文献研究法

围绕着本书研究内容，按照一定的研究目的，利用网络、查阅书报等途径搜集各种与本书有关的资料，在大量的阅读的基础上，对相关文献进行整理和梳理。希望获取大量学术领域有关本书研究内容的前沿理论研究成果，在已有成果的基础上，试图能对该论述问题有更清晰的了解，能够从中提炼出符合本书研究的范式和理论框架等。

1.2.1.2　实地调查法

通过在北京、上海、江苏等地的调研，发放问卷，与当地政府、人才机构进行沟通交流，并对海外高层次人才进行问卷调查，了解这一群体与我国科技创新环境之间的协调性问题，以及与工作团队之间的协作问题。

1.2.1.3　案例研究法

本书在第 5 章探讨了广东省海外人才团队式引进的绩效评价案例，在第 3 章和第 7 章回顾了国内标杆区域和国外的人才引进的经验方法，通过对案例的剖析和国内外经验的总览，总结海外高层次人才引进的思路方法和团队式引进因素分析。

1.2.2　研究思路

本书分为八个章节，按照"界定概念—现状分析—梳理问题—案例分析—对策建议"的思路进行分析。

本书试图结合海外人才团队式引进和运行机制理论，对海外人才团队式引进的政策机制进行分析研究，并提出政策建议，尝试完善团队引进的政策机制以解决目前引进人才层次不匹配、规模与质量脱钩、人员"二次流动"等矛盾与问题。本书的主体部分拟分为七章，在研究思路上采取传统的路径进行研究，即提出—分析—解决问题的传统思路。

第1章为导论部分。导论介绍选题背景与意义，结合当前世界各国"人才战争"背景下，各国对高层次人才的巨大需求，以及我国人才引进工作的成果与瓶颈进行简述。通过以往调查的数据分析结果，引出本书的研究主题，即海外人才团队式引进的政策机制研究。导论第三节为相关概念的界定与理论概述部分。在该部分中，主要介绍了人才、高层次人才、海外高层次人才、人才评价机制及素质标准等相关概念，接着对人才政策机制的研究进行了简要概述。

第2章阐述了国内引进海外人才的历史、现状及存在的问题。首先，分析了海外人才引进工作的历史沿革。其次，总结了当前海外人才引进工作的政策、计划、策略。最后，从各方面分析国内海外人才引进存在的问题。

第3章对国内人才引进标杆区域的政策与实践进行了典型案例梳理，选取上海浦东、深圳、北京中关村以及广州南沙—深圳前海—珠海横琴粤港澳人才合作示范区的引才用才政策，为我国海外高层次人才引进工作提供启迪。

第4章提出团队式引进海外高层次人才的新机制，并对海外人才团队式引进的必要性和可行性进行了研究论证。首先，从人才需求和团队建设需求方面进行了必要性分析。其次，从主观条件和客观条件方面分析了其可行性。

第5章阐述我国海外人才团队式引进绩效的关键因素分析。本章节重点分析广东省人才引进的案例，对广东省海外人才的团队式引进的规则设计、运行方式、绩效评价进行整体把握，从中以小见大，提取我国海外高层次人才团队的绩效评价指标的一般要素。

第6章进行我国海外高层次人才团队式引进的风险因素分析，对引进工作中存在的匹配性风险、成长性风险、安全性风险等进行识别和量化，进而有针对性地进行风险防范与管理。

第7章总结了国外海外人才引进与团队式引进的成功经验。首先对世界各地海外人才引进措施进行简要概述。其次，选取了美国、新加坡、印度、韩国，能代表不同地区、不同发展程度的国家的成功经验总结。最后，分析各国成功经验对我国的启示。

第 8 章是本书的核心章节，也是最终创新结果的呈现。本章尝试从团队式引进的关键因素入手，从海外高层次人才引进的政策机制创新、引进的风险控制、引进后的绩效评价与激励这三个方面入手，为我国海外人才团队式引进的政策运行机制提出一些可行的建议。

1.3 概念界定与文献综述

1.3.1 概念界定

1.3.1.1 人才

对"人才"一词并没有绝对确定而且权威的定义，不同的群体有着不同的认知和解释。叶忠海（1983）定义人才为"人才，是指那些在各种社会实践活动中，具有一定的专门知识、较高的技术和能力，能够以自己的创造性劳动，对认识、改造自然和社会，对人类进步作出了较大贡献的人"[①]。王通讯（2001）将人才定义为"为社会发展和人类进行了创造性劳动，在某一领域、某一行业或某一工作上做出较大贡献的人"[②]。中国第一个中长期人才发展规划《国家中长期人才发展规划纲要（2010－2020 年)》将人才概括为"具有一定的专业知识或专门技能，进行创造性劳动并对社会作出贡献的人，是人力资源中能力和素质较高的劳动者"。这个定义，不再以学历、资历、身份和职称作为评定人才的固定标准，强调了人才的"知识""技能""创造性""贡献"等特点，从专业、能力、贡献三个维度对人才作出了规定，具有较高的指导价值。

根据不同时期人们对人才定义的侧重点来看，人才的内涵主要可以归纳

[①] 叶忠海. 人才学概论［M］. 长沙：湖南人民出版社，1983.
[②] 王通讯. 王通讯人才论集［M］. 北京：中国社会科学出版社，2001.

为三点。首先，人才，对同一群体在不同的时间含义不同，对不同群体，具体的含义也不同；其次，人才的定义绝不仅仅是一个维度，它的定义具有多维性，根据不同的划分标准完全可以分为各种类型；最后，人才之间层次性特征明显，差距很大，高层次人才在全球都受到优待。层次不同、行业不同、环境不同，人才的意义也不一样。

可以达成共识的是人才必须同时具备三大元素。第一，具有一定的知识储备和技能水平；第二，能进行创造性劳动；第三，在工作中取得了突出成绩，对社会做出较大贡献。

1.3.1.2　海外高层次人才

在国内研究中，对于海外高层次人才还没有统一的定义。

海外人才是相对于国内人才而言，具有海外学习、工作、生活经历背景的高层次人才资源，包括外籍人士或具有海外留学或工作经历（工作单位并非国内企业国外分部）的中国籍人士。海外人才也具有人才的一般属性，如也属可再生资源、是具有自然和社会双重属性的综合体、具有生产和消费双重性、是能动性资源，在经济活动中起主导作用等。

1983 年 8 月，中共中央、国务院《关于引进国外智力以利四化建设的决定》中对于所需引进的海外人才进行了论述："对于国外各类专业人才，凡是愿为我国四化建设服务，有一技之长，国内又确实需要的我们都应欢迎。可以是高级、中级的科技专家，也可以是具有专门技能的熟练工人；可以是在职的专家，也可以是退休的专家或老工人。"这反映了改革开放初期，国内对海外人才需求的迫切以及当时对海外人才概念的认识。

2005 年 10 月，国家外国专家局关于《〈外国专家证〉办理问答》指出，可以办理我国《外国专家证》的外国专家包括以下几类：（1）为执行政府间、国际组织间协议、协定和中外经贸合同应聘来华工作的外国籍专业技术人员和管理人员；（2）应聘在我省从事教育、科研、新闻、出版、文化、艺术、卫生、体育等工作的外国籍专业技术人员或管理人员；（3）应聘在我省的外商投资企业中担任副总经理以上职务或享受同等待遇的外国籍高级管理人员或专业技术人员；（4）经国家外国专家局批准的境外专家组织和人才中介机构常驻我省代表机构的外国籍代表；（5）应聘来中国从事经济、技术、工程、金融、财会、税务、旅游等领域工作，或具有特殊专长、中国紧缺的外国籍专业技术人员或管理人员。

上述第 2、3 类外国专家应具有大学学士以上学位和五年以上相关工作经历（其中语言教师应具有大学学士以上学位和两年以上相关工作经历）。

符合上述第 2 类或含第 3 类的语言教师条件者，被称为文教专家，其余的被称为经济技术专家。

2018 年 1 月，公安部批准"上海出入境聚英计划（2017—2021）"，提出三项出入境新政：（1）为顶尖科研团队中的外籍核心成员申请永久居留提供便利。即授予顶尖人才自主推荐权，为其组建科研团队提供支撑；（2）允许"双自"和"双创"外籍人才兼职创新创业。即突破外国人只能在一家单位工作的限制，为外籍人才充分施展才能提供更加广阔的舞台；（3）为全球外籍优秀毕业生来沪发展提供长期居留和永久居留便利。即外籍优秀毕业生，凭毕业文凭即可直接申请 2 年期居留许可；连续工作满 3 年并满足一定条件的，即可申请永久居留。

在上述文件里，我们可以看出由于发文机关的职能决定了对于海外人才的国籍问题已经引起重视，对于海外人才的学历、工作经历及研究领域都有了量化的标准，反映了决策层对海外人才界定的进一步细化。2017 年 2 月，《国家海外高层次人才引进计划管理办法》提出，国家海外高层次人才引进计划（"国家'千人计划'"）是国家层面实施的重大人才工程，旨在围绕国家发展战略目标，重点引进一批自然科学、工程技术、哲学社会科学等领域高层次创新创业人才。完善统分结合、分工协作机制，提升引才工作科学化规范化制度化水平。2023 年 3 月，《国家海外高层次创新人才政策》指出，要积极引进从事自然科学、工程技术领域以及部分人文社会科技和文化艺术领域的高层次人才。上述两份文件是目前国家层面对海外人才工作的指导性文件，其对海外人才的描述在各级政府及政府各部门制定引进海外人才，特别是领军型人才的政策过程中有着指导性意义。"十二五"期间，海外人才政策重点围绕着国家级重点人才计划来制定系列办法与细则，尤其是《国家中长期人才发展规划纲要（2010 – 2020 年）》的出台，标志着海外高端人才政策进入战略转型的自主创新阶段。① 2021年9月，习近平总书记在中央人才工作会议中提出，要加快建设世界重要人才中心和创新高地，必须把握战略主动，做好顶层设计和战略谋划。党的二十大对加快建设国家战略人才力量作出重要部署，聚焦建设世界重要人才中心和创新高地，形成多个领域人才国际竞争的比较优势，为中国式现代化建设提供战略人才支撑。努力培养造就更多大师、战略科学家、一流科技领军人才和创新团队、青年科技人才、卓越工程师、大国工匠、高技能人才。②

具体而言，由于各级政策制定者的角度不同，对海外人才的界定又不尽相同。

"十二五"期间，国家级重点人才计划中对人才学位的要求是博士学位，年龄原则上不超过55岁，而且在引进后，每年在国内工作一般不少于6个月，并且对在海外的工作经历、职位和所拥有的知识产权有一定的要求。而在《"十三五"国家科技人才发展规划》中科技人才是指具有专业知识或专门技能，具备科学思维和创新能力，从事科学技术创新活动，对科学技术事业及经济社会发展作出贡献的劳动者。主要包括从事科学研究、工程设计、技术开发、科技创业、科技服务、科技管理、科学普及等科技活动的人员。《引进海外高层次人才暂行办法》第十条规定，引进的人才应在海外取得博士学位，不超过55岁，引进后每年在国内工作不少于6个月，并符合下列条件之一：（1）在国外著名高校、科研院所担任相当于教授职务的专家学者；（2）在国际知名企业和金融机构担任高级职务的专业技术人才和经营管理人才；（3）拥有自主知识产权或掌握核心技术，具有海外自主创业经验，熟悉相关产业领域和国际规则的创业人才；（4）国家急需紧缺的其他高层次创新创业人才。根据创新人才和创业人才的不同特点，以及不同事业平台的具体需要，四类拟引进人才还应具备相应的其他条件（详见表1-1）。

---

① 张再生，杨庆. 海外高端人才政策评估及优化对策研究［J］. 天津大学学报（社会科学版），2016，18（2）：123-128.
② 吴江. 深入实施人才强国战略［J］. 红旗文稿，2023（3）：22-25.

表 1 - 1　　　　　　　　　　　　引进人才类型与人才条件

人才类型	其他条件
国家重点创新项目人才	1. 重大专项涉及的领域，能够解决关键技术和工艺的操作性难题，或拥有市场开发前景的自主创新产品； 2. 在海外承担过与重大专项相关的重大项目，具有较强的产品开发能力
重点学科和重点实验室人才	1. 具备世界一流的研究水平，近 5 年在国际重要核心刊物上发表具有重要影响的学术论文； 2. 获得国际重要科技奖项、掌握重要实验技能或科学工程建设关键技术
中央企业和国有商业金融机构人才	有能够促进企业自主创新、技术产品升级的重大科研成果；或具有丰富的金融管理、资本运作经验，在业界有较大影响
创业人才	1. 有自主知识产权和发明专利，且其技术成果国际先进，能够填补国内空白、具有市场潜力并进行产业化生产； 2. 有海外创业经验或曾在国际知名企业担任中高层管理职位 3 年以上，熟悉相关领域和国际规则，有经营管理能力； 3. 自有资金（含技术入股）或海外跟进的风险投资占创业投资的 50% 以上

资料来源：根据中共中央组织部等 18 家部委联合印发的《引进海外高层次人才暂行办法》整理。

在本书中，我们定义海外高层次人才为具有海外学习和工作背景、身居国外但不一定具有外国国籍的高层次人才。其中，海外高层次留学人才是指：我国公派或自费出国留学，学成后在海外从事科研、教学、工程技术、金融、管理等工作并取得显著成绩，为国内急需的高级管理人才、高级专业技术人才、学术技术带头人，以及拥有较好产业化开发前景的专利、发明或专有技术的人才。具体界定条件参见《关于在留学人才引进工作中界定海外高层次留学人才的指导意见》。党的二十大提出要加快建设世界重要人才中心和创新高地，促进人才区域合理布局和协调发展，着力形成人才国际竞争的比较优势。加快建设国家战略人才力量，努力培养造就更多大师、战略科学家、一流科技领军人才和创新团队、青年科技人才、卓越工程师、大国工匠、高技能人才。加强人才国际交流，用好用活各类人才。

海外高层次人才除了具备高层次人才的一般特点之外，还具备以下几个鲜明特点：第一，需求的高层次性。根据马斯洛的需求层次理论，海外高层次人才群体更加重视较高层次的需求，如尊重需求和自我实现需求。海外高层次人才受教育程度较高，在国外也都取得了一定的成绩，他们需要高度的社会认可和尊重，因此若要他们放弃国外现有的事业基础和生活基础来华工作需要给予更好的平台和环境供他们完成自我实现。第二，较低的流动意愿。有调查结果显示，人才层次越高，年龄越大，其流动性越低。原因可能在于，高层次人才有较为稳定、高质量的工作和生活条件，其流动回国的机会成本高于一般人，因此在引进海外高层次人才时，为打破其路径依赖，至少需提供更具挑战性和发展前景的工作平台以及丰厚优越的物质激励。

1.3.1.3 机制

"机制"是经济学和管理学中较常见的名词，但是实际上这个词最早并非诞生于这两个学科，而是源于自然科学。如果按照它的本源意思解释的话，是指机械的构造和工作原理。不过，现在对它应用极广的学科反而是后来的学科。它很快地被应用到了生物学和医学上。它被用来表示有机生命中的各个要素共同存在并产生特定功能。就如同汽车是通过动力、传动、导向等各种装置在一定结构下互相联系、互相作用而行驶的，并且以上几个要素缺一不可，单独拿出一个要素并没有任何意义。接着"机制"一词开始被用于经济学，现在在管理学中也得到广泛应用。

张序、张霞（2015）对机制进行了总结定义："机制就是为实现某一功能、发挥某种作用，事物或系统内部各要素相互作用、协调运行的原理、方式和过程。"① 韩妙第（2019）对"机制"进行了定义，机制是指系统内外不同结构在某种因素刺激下，形成由此及彼的运行程序。李浩、郝儒杰（2021）将机制界定为协调各个部分之间的关系，从而使其能够更好地发挥作用的具体运行方式或方法。如果说社会是一个大的系统，那么社会的运行便是由社会机制承载和推动的。

1.3.1.4 政策机制

政策机制本身也是一个系统，当然也有其承载和推动的机制。在政策系统中，除了要遵循各个环节的政策制度的内容，还要找到一种把制度与遵循

---

① 张序，张霞. 机制：一个亟待厘清的概念［J］. 理论与改革，2015（2）：13-15.

制度的各方主体结合起来的机制，使二者能够顺利地结合在一起，使制度与主体在有机结合后发挥自己的作用，来推动政策机制系统的运行。海外高层次人才团队式引进的政策机制就是指政府通过一系列政策工具、手段及运行环节使团队引进政策系统内部的各个主体要素、各个子系统相互联系的原理及其方式。它首先是一个动态的过程，然后也是一个综合的过程，在海外人才团队式引进过程中，政策机制起到了纽带作用，把政策系统中的各制度要素，以及各子系统之间联系起来。在此基础之上，利用制度要素的运行机制和政策系统独特的整体性功能，推动机制运转。本书所研究的"海外高层次人才团队式引进的政策机制"应该包括两个方面。第一个方面是从系统的角度来研究，主要是指用人单位、政府、第三方组织这些基本的角色主体，还包括其他政策系统方面的要素，所组成的系统中的结构还有各主体间的相互联系和作用，以及各个主体所组成的这个系统所产生的功能，这里的机制与前文所述的经济学中引入的机制的概念相类似。第二个方面是从政策过程还有方式和方法的角度来研究，进而能够更好地理解海外人才团队式引进的政策机制的整个动态过程。

1.3.2 理论基础

1.3.2.1 人力资本管理理论

人力资本管理理论是建立在人力资源管理的基础之上，将企业中的人，作为资本要素的一种来进行投资与管理，同时，要综合变化中的人力资本市场情况和投资收益等信息，能够及时地调整人力资源管理措施，以期望能够获得长远的价值回报。该理论结合了关于"人"的管理科学与经济学的"资本投资"的概念，事实上，传统人力资源管理理论不仅没有过时，而且还是人力资本管理的技术基础。人力资本管理理论，正是一种通过整合人力资源管理和经济学投资回报理念，希冀得到更高水平的价值实现的理论。很多人认为人力资本管理关注的就是把人作为资本投入后的回报，实际上人力资本更加注重结合市场，注重分析，制定投资计划。①

1.3.2.2 人才集聚理论

人才集聚的概念是关于人才开发战略中的最重要概念之一。西方理论界对人才集聚的研究，有两种不同的划分方法，依据其机理来划分，应该划分为集聚的经济结构和因素结构。不过，横向集聚和纵向集聚可作为集聚类型划分的结果。②

1.3.2.3 人才流动理论

关于人才流动的概念，有两个层面的定义，第一层面就是大家经常说到的"跳槽"行为，人才流动在这里的具体含义就显得比较单一，就是指组织间的流动；第二层面主要是指随着工作环境等各种因素变化的工作状态的变化。其具体含义比较广泛，工作状态的变化受很多种因素影响，比如服务对象变化等。

人才流动早已不是什么新鲜事，而且，当今世界，不同类型国家之间的人才流动十分显著地存在着不平衡的问题。根据初步观察统计可知，当前人才流动的显著态势是"人往高处走"，而且，其进一步的趋势是从较发达国家流向更发达国家；除了经济发展的水平之外，社会环境因素也是重要的影响原因，高层次人才趋于流向社会环境稳定、政治气候宽松的安全国家。众所周知，我国每年都有大量的出国留学人员，这个状况从 1978 年开始，持续了 40 多年。相当数量的学员学成后滞留国外，其中尤以理工科为盛。从国家利益方面来说，我国流失了大量的高层次人才，但是，不得不承认的是，市场法则基本决定了人才流动的方向。而且，近些年来由于我国经济进入高速发展期，产业结构升级伴随着人才结构升级。这样的背景下，有抱负、有理想且想拼敢闯的人，愿意到我国来一展宏图。同时，也吸引了不少留学人员回国服务。③

---

① 袁旭东. 中国引进海外人才的理论分析与实证研究 [D]. 长春：吉林大学，2009.
② 毛凯梅. 论人才集聚 [J]. 中外企业家，2012（13）：138 – 139.
③ 王辉耀. 人才战争 [M]. 北京：中信出版社，2009.

1.3.2.4　运行机制理论

在本书中，运行机制的定义是指那些引导和制约决策，并且还与人相关的各项活动的各项基本准则及其相应的制度内容。运行机制，也可以说是一种总称。因此，要保证社会各项工作目标和具体任务的真正实现，我们不得不建立一套诸如协调的市场运行机制，灵活的企业运行机制，高效的竞争运行机制的制度、方法体系。总的来说，运行机制是指一套包含要素组成，运作流程，相互关系的规律运动。①

1.3.3　已有文献综述

关于海外高层次人才引进的研究在 2008 年之后才开始受到学者们较为广泛的关注，目前可以说仍处于研究的开始阶段。

1.3.3.1　海外高层次人才引进的理论依据研究

首先，国外学者在人力资本方面的一系列理论的提出，成为了海外人才引进问题的理论依据。

资本累积能够产生财富，人力资本理论的提出，表明通过海外人才引进形成人力资本累积，将给国家带来巨额财富，这也成为世界主流移民国家开放技术移民的重要理论依据。哥伦比亚大学教授明塞尔（Jscob. Mincer）在研究中开创了人力资本的分析方法。他提出了人力资本理论，并尝试用该理论研究一些经济数据的误差问题。索洛（Solow，1957）提出了著名的索洛增长模型，在该模型中人力成为了能够推动经济持续增长的重要资本。舒尔茨（Theodore Schultz）认为，缺乏人力资本这个要素，就算把其他所有要素都加完也绝不能科学解释生产力的提高。② 库兹涅茨（S. Kuznets）利用他所擅长的统计分析方法，结合所掌握的数据，试图得到经济增长因素统计数据分析

――――――――――

①　王振源. 高绩效企业文化与人力资源管理活动的关系［J］. 商场现代化，2006（28）：236 – 237.

②　潘云良. 人力资源管理与测评［M］. 北京：中共中央党校出版社，2004.

的结论。为此，他出版了《现代经济增长》一书，几年后他又出版了另一著作《各国经济增长》，书中对主要发达国家长达上百年经济增长史料进行了比较分析，结果证明了知识存量的增长是影响经济增长的主要因素，正是因为技术知识和社会知识的存量增加，进而导致现代经济的革命性的产出提升，有了高比率的经济总量的增长。与此同时，经济结构也迅速地发生变化。①乔根森（Jogenson）所作的一系列研究表明，教育是战后美国经济增长的大功臣，尤其要提到的是通过接受正规教育而进行的人力资本投资的绩效收获极大。罗默于1986年在《收益递增和长期增长》一书中率先提出"收益递增型增长模式"掀起一股热议。1988年，卢卡斯对其研究结果凝练总结后发表了《论经济发展机制》，有关经济增长的理论研究再掀高潮。最终结果表明，二者都分别证明人力资本的增长率以及其他资本要素投入等与最终产品生产中的边际产出率呈正相关关系。

其次，海外人才引进过程实际上就是吸引高素质人口迁移的过程。人口迁移理论是人力资本跨国流动的理论来源。三代人口迁移学者提出的一系列理论成为海外人才引进工作的重要理论推动力量。人力资本的流动的重要理论源头就是人口的迁移，尤其是高素质人才的人口迁移更应划入人力资本流动的范畴。

人口迁移的理论主要经过了三次大的发展，第一代学者列文斯坦（E. G. Ravenstein）、唐纳德·博格（Donald J. Bogue）、李（Everett S. Lee）等提出了拉力推力理论，研究说明迁出地和迁入地，都存在着一种合力，包括拉力和推力作用，哪边的合力大就导致人口往哪里流动，所以迁入地和迁出地在合力变化的情况下角色互换也很正常。人口迁移的第二代理论也叫做"中心与外围"学说。第二代理论从世界经济结构体系的角度，分析了发达国家与发展中国家或"中心"（Core）与"外围"（Periphery）之间在结构上的依存关系，试图通过中心外围的假设理论来解释人口的国际流动。在该假设中所谓的"中心"国家，显然处于支配地位，而"外围"处于被支配地位。"中心"是指发达的核心资本主义国家，而"外围"是欠发达国家。在中心与外

---

① 叶傅升. 人才战争［M］. 北京：中国文联出版社，2001.

围之间，不仅存在着人口流动，同时还存着其他流动如商品等的流动。人口的国际流动是世界要素流动大系统中的一个重要组成部分。第三代学者想从社会人际关系的方面入手，解释跨国的大型社会空间的要素，同时也希望搞清楚其在国际人口流动中的作用，但仅仅以此来解释全球的国际人口流动的相关动力机制并不完全具有说服力。该理论的重要假设是：迁出地移民在迁入地仍然十分稳固地保持着与迁出地的联系，于是，他们的这种联系就导致了在两地之间形成了一个跨国社会关系网络纽带或者叫做跨国社会空间，形象地来说，就如同一条横跨两国的"传送带"，促进信息交流、思想观念碰撞、资金流通、商品和人员的国际流动。由于跨国社会空间实际上在很大程度上降低了迁移成本，因此，导致人口包括人力资本从迁出地一直不断地流向迁入地。当前对人力资本国际流动的研究，从微观层次主要分析作为人力资本载体的个体决策管理行为的原理和结果，从中观层次主要分析庞大的跨国关系网络如何与人力资本流动相结合地形成了中观的动力机制构成，从宏观层次主要分析国民经济和世界经济结构及国家移民政策等宏观因素对人力资本流动的影响。①

1.3.3.2　海外人才引进的具体政策与运行机制研究

（1）引进策略和政策方面的研究。不少学者在国家层面的"引进"制度和体系方面做了研究，内容主要集中在人才政策分类整理、人才政策制定的影响因素和人才政策效果评价等方面，方法上可分为定性和定量两种研究类型。定性研究方面，萧鸣政（2009）全面系统回顾了改革开放 30 年来我国的人才政策，认为我国的人才政策存在缺乏法律层面的高层次政策、政策配套性和操作性不强等问题，提出需拓宽政策咨询途径、健全政策法律体系、创新评估机制、加强监督、鼓励地方探索等，虽不具体针对"引进"政策，但高瞻远瞩，也适用于这一具体政策的改善。② 此前还有其他文章探讨国家

---

① 袁旭东. 中国引进海外人才的理论分析与实证研究 ［D］. 长春：吉林大学，2009.
② 萧鸣政，韩溪. 改革开放 30 年中国人才政策回顾与分析 ［J］. 中国人才，2009（1）：12 – 15.

宏观人力资源开发战略。①② 葛蕾蕾（2021）给予政策工具和人力资源管理的二维分析理论框架，梳理了海外高层次人才引进政策的变迁历程，探究了我国引才政策在发展过程中存在的管理维度环节缺位、政策工具结构失衡、人才立法进程落后等问题，并提出相应政策建议，以完善和推动海外高层次人才引进政策体系的良性发展。③ 俞天爱（2022）对我国人才引进制度进行分析，研究跨国人才的引进制度，通过划分利益群体、探寻利益冲突，分析当今我国人才引进制度问题的症结所在。当前我国人才引进制度存在政府缺少细致的人才遴选标准、无明确人才资源配置规划、缺乏相应的约束与奖惩机制的问题，并且提出了相应的政策建议以完善我国相关机制，提升我国在人才引进方面的竞争力。④ 这一类型的文献很多，但思路和研究方法大同小异，得出的结论也存在着很大的同质性。

除国家层面的高层次人才引进外，现有研究还立足于某一省市或地区进行研究。高子平（2010）以上海市信息产业为例，通过定量研究验证了人才结构与产业结构的高度相关，从而提出地区人才政策的制定必须适应当地产业结构。⑤ 韩丹（2011）在借鉴国外吸引高层次人才的经验基础上，描述了我国"引进"的整体现状，重点是以长春市为例，重点分析了长春市在该领域的情况，说明了现存问题以及问题出现的原因，并有针对性地提出了对策和创新战略⑥。张兰霞、宋嘉艺等人（2017）根据我国各级政府制定并实施的许多与海外科技人才引进相关的政策，以辽宁省为例采用 QFD 方法对政策实施的效果进行了具体评价并提出有针对性的改进建议。⑦ 钱如意、谷力群（2023）以深圳市、广州市为切入点，通过分析公共政策供需匹配情况，指

---

① 萧鸣政，饶伟国．基于人力资本的人力资源开发战略思考［J］．中国人力资源开发，2006（8）：10-14．

② 萧鸣政．中国政府人力资源开发及其战略［J］．上海行政学院学报，2007，8（3）：73-79．

③ 葛蕾蕾．我国海外高层次人才引进政策20年（2001—2020）：回顾、挑战与展望［J］．福建论坛（人文社会科学版），2021（11）：207-216．

④ 俞天爱．当前我国人才引进制度存在问题及政策建议［J］．人才资源开发，2022（7）：12-15．

⑤ 高子平．在美华人科技人才回流意愿变化与我国海外人才引进政策转型［J］．科技进步与对策，2012，29（19）：145-150．

⑥ 韩丹．"海外高层次人才引进"战略创新研究［D］．长春：吉林大学，2011．

⑦ 张兰霞，宋嘉艺，王莹．基于QFD的海外科技人才引进政策实施效果评价——以辽宁省为例［J］．技术经济，2017，36（5）：28-33．

出我国当前海外高层次人才引进存在供需不匹配的情况，进一步提出建议：需要完善海外人才引进政策体系，提升回流速度以及留住人才发展，构建创新型人才跳跃平台。同时注重国内外人才结合培养，形成人力资源流动闭环，提供人才需求的后续保障。①

基于人才引进的现状，学者们还借鉴国外的人才引进经验，对我国的人才引进工作进行思考。②李其荣、倪志荣（2012）从美国通过制定开放的移民政策、资助留学生计划、开展国际交流合作、兴办跨国公司、提供优厚待遇等方式获取海外人才的角度分析了其对我国的借鉴意义。③姬虹（2013）以美国遭遇"人才逆向流动"为出发点，分析了美国技术移民制度对人才引进的机制影响。④郝玉明、张爽（2020）对美国、加拿大、日本等 7 个国家以及欧盟的出入境签证及永居政策进行整理分析，包括放宽居留限制、颁发人才专门签证、简化证照办理流程三个方面。他们借鉴以上 7 个国家的经验，结合我国实际情况，对我国人才签证与留居政策提出了建议。⑤马洁（2023）系统介绍了美国、加拿大、英国三国的海外人才引进政策，深入思考这三个发达国家人才引进政策，获得了具体启示。⑥

（2）对海外人才团队式引进方式的研究。团队式的引进是近年来受到推崇的人才合作方式，对团队式引进的研究也多见于最近三年到五年的文献。

谢娜、马千慧（2020）从医学心内学科的角度，分析了人才团队引进对新学科建设的重要性和具体措施。⑦宋耀（2020）对高校人才引进学科团队发展前景进行研究，认为高校人才引进和高校内部竞争压力密不可分，相互促进。可通过团队化管理，制定有中国高校特色的学科团队制度。以团队的形式进行人才管理，以项目的形式进行过程控制，可以有效地将高校现有的

① 钱如意，谷力群．海外人才引进政策供需匹配情况及对策分析［J］．中阿科技论坛（中英文），2023（6）：40 - 45．
② 周建华．引进人才的国际经验［J］．瞭望，2011（45）：38 - 38．
③ 李其荣，倪志荣．当今世界人才争夺战的最大赢家——美国人才引进战略及对我国的启示［J］．人民论坛·学术前沿，2012（8）：46 - 53．
④ 姬虹．美国技术移民与人才引进机制研究［J］．美国研究，2013，27（3）：7 + 89 - 109．
⑤ 郝玉明，张爽．完善国外人才引进签证与局留政策——基于国外政策的经验借鉴［J］．中国人力资源社会保障．2020（8）：36 - 38．
⑥ 马洁．发达国家人才引进政策对我国的启示［J］．大陆桥视野，2023（9）：32 - 34．
⑦ 谢娜，马千慧．引进人才团队，助推新学科建设——以 K 医院心内学科为例［J］．人力资源，2020（10）：90 - 91．

教科研人员根据实际情况，组成一个个拥有独立教科研能力的整体。① 姚冰、王宇博（2023）从数字经济背景下天然气行业的角度分析人才队伍建设的重要性。指出人才供给短缺、培养机制不完善、数字素养缺乏等问题。提出通过人才引进及其技能培训等路径建设高质量技能人才队伍。阐述我国企业积极引进和利用好海外人才团队的基本路径。② 马喆（2023）从企业高质量发展与人才队伍建设的角度，提出加强人才队伍建设，是企业高质量可持续发展的重要保障。从企业强化人才队伍建设的重要性，发现企业人才队伍建设存在的问题，并且提出了加强人才队伍建设的策略和措施。③

（3）对人才引进过程的风险评估与预警机制研究。概括来说，就是对于发展中国家而言，技术移民政策带来的风险其实大于收益。琳赛·洛厄尔（B. Lindsay Lowell，2001）总结了技术移民对发展中国家的多重影响，该作者结合巴西、中国等八个发展中国家的案例，分析了这些国家试图从人才流失中获取经济收益的一些政策，却带来很多意想不到的问题的原因，但并未收到很好效果。实际上由于社会生活环境的大不一样，甚至宗教信仰等方面的不同，往往会造成融入困难，甚至引起社会舆论的反感。因此该作者认为对于外籍人才的引进、尤其是本族裔外籍人才，不宜急功近利，还是慢慢地重新参与经济社会化进程会比较好；史蒂文·维特维克（Steven Vertovec，2002）分析了技术移民网络所独有的特殊性，他的观点是发展中国家必须也应该充分抓住机会利用这些网络，这样能够有效促进跨国科技合作还有国际商务往来，但与此同时，要强化对这一网络的介入，有效防止技术移民网络蜕变为国家安全体系的"漏洞"；罗恩·谢尔顿（Ron Skeldon，2005）在深入分析现有数据之后，根据数据分析的结论认为，很多发展中国家移民政策存在着矛盾，而且这些矛盾主要是由于法律法规的不完善所导致。然后他对全球高端技术移民的当前发展形势和状态以及趋势进行了评估，他的观点是，实际上对于发展中国家而言，技术移民的带来的风险更多，而且更主要的是

① 宋耀. 高校人才引进学科团队制发展的前景分析 [J]. 改革与开放，2020（Z3）：99 – 101.
② 姚冰，王宇博. 数字经济背景下天然气行业技能人才队伍建设研究 [J]. 中小企业管理与科技，2023（24）：152 – 154.
③ 马喆. 企业高质量发展与人才队伍建设 [J]. 河北企业，2023（9）：128 – 130.

防范的难度也更大，未必是件好事。国内学术界的相关研究很少，高子平（2013）认为，要对技术移民在国家政治与战略安全维度，就业竞争与经济安全维度，文化认知（同）维度，社会融入维度，共四个维度进行风险评估，并提出了预警机制设计的建议。

（4）对人才引进后的绩效评估机制研究。关于绩效评价的研究较多，甚至专门针对大量高层次人才所从事的产学研合作工作的绩效评价，也有不少研究。皮卡卢加和博纳科尔西（Piccaluga and Bonaccorsi，1994）最早对产学研合作的绩效评价进行了研究，提出了期望的评价模型。埃茨科威兹（Etzkowitz，2000）引入了组织战略指标，提出了基于平衡计分卡的评价模型。谢福泉、金芙蓉、范德成（2009）提出可以采用投入—产出模型进行产学研合作绩效的评价。但是专门针对海外人才的绩效评价研究较少。2012 年中国人事科学研究院对广东省引进的海外人才成功完成了绩效评估，建立了匹配性（现实绩效）、适应性（人才环境）、成长性（发展潜力）三个一级指标，其中有 9 个二级指标，下面还有 37 个三级指标，构成了指标体系。2013 年金晶尝试了一项研究，他试图假设高校海外引进人才与他们心中客观的环境的匹配程度，与他们的工作绩效具有一定的相关性。在这个假设下，通过问卷调查的数据分析及检验，证明了该假设的成立。中国人事科学院的吴江教授在"广东省引进海外高层次人才绩效评价研究课题"中从"成果影响、团队建设、人才培养、人才支持"等维度提出了人才团队的评价指标。

本书在前人研究的基础上，希望继续探索和深化对海外高层次人才引进的研究，提高海外高层次人才引进工作的效果与效率，以更好地实施人才强国战略，解决当前人才发展面临的突出问题，理顺长远性、深层次的人才发展领导和管理体制机制问题。

第 2 章

我国引进海外高层次
人才政策及其演进

自新中国成立以来，党和国家一直十分重视人才工作，在培养和发挥国内人才作用的同时，也十分重视利用国际人才，引进国外人才。当前我国经济进入转型的关键时期，与之相伴的是我国的人才结构也进入了升级的关键时期。2008 年底，中共中央办公厅转发《中央人才工作协调小组关于实施海外高层次人才引进计划的意见》，海外高层次人才引进工作进入新阶段。本章将梳理我国的人才引进政策，分析我国人才引进工作的发展历史、现状及发展过程中存在的问题。

2.1 海外高层次人才引进工作的历史发展

新中国成立 70 多年来，我国引进海外人才工作可以划分为四个发展时期。

第一时期是从 1949 年新中国成立到改革开放之前。新中国成立初期的 20 多年间，我国的人才引进主要是引进苏联及其他东欧国家的专家助力社会主义建设。苏联援建我国的 156 项工业企业建设成为重点工作，在当时海外人才引进的方向是苏联和东欧国家，主要是以苏联专家为主体，据统计，到 1954 年 10 月以前，苏联派遣 3000 多名专家和顾问，苏联援华的专家总数超过 18000 人。这对中国经济的恢复和发展起了举足轻重的作用。① 20 世纪 60 年代初中苏关系恶化之后，苏联专家被撤回，我国也开始聘用少量的来自资本主义国家的专家，但即便是引自资本主义国家的专家也大多与中国当时的政治态度和意识形态相同。

"文革"期间，外国人才引进工作受到严重影响，在极左思潮的影响下，外国专家在国内数量有限，无法发挥其作用。总体来说，新中国成立到改革开放前我国的海外人才引进工作是在特殊的国际国内背景下进行的，具有一定的政治色彩。

第二个时期是从改革开放以来到 21 世纪初。1978 年，"支持留学、鼓励回国、来去自由"作为中国改革开放的重要举措，推动了中国留学事业的快速发展。② 1983 年，邓小平发表"利用外国智力和扩大对外开放"重要谈话，该谈话的内容成为一段时期内我国人才引进工作计划的重要指引，我国引进海外人才的各项工作开始进入大发展时期。21 世纪前后，党中央更是深刻认识到新时期人才资源的重要地位，提出"科教兴国"和"人才强国"战略，高度重视吸收和引进海外高层次人才。从 1978 年到 2008 年，30 年间，我国累计引进海外人才约 550 万人次。③ 截至 2021 年，全国累计发放外国人工作许可超过 70 万份。④

第三个时期是 2008 年开始的重点人才计划出台到党的十八大。2008 年《中央人才工作协调小组关于实施海外高层次人才引进计划的意见》出台，要求各地区、各部门做好高层次人才引进工作，这一人才引进计划在国内外产生了巨大影响，开启了我国大规模、成体系、制度化引进海外高层次人才工作的历史序幕。之后又出台了一系列具体规定，"引进"政策从此开始体系化、制度化建立。伴随着我国经济结构转型，我国的人才结构也开始了升

① 田伟. 建国初期苏联对华经济援助的再认识 ［EB/OL］. （2009 - 6 - 29）. http: // www. hprc. org. cn/gsyj/yjjg/zggsyjxh_1/gsnhlw_1/wuguoshixslwj/200906/t20090629_12963_4. html.

② 全球化智库（CCG）与智联招聘. 2018 中国海归就业创业调查报告 ［R］. 北京. 2018: 2 - 30.

③ 改革开放 30 年海外人才引进综述: 聚英才创伟业 ［EB/OL］. （2009 - 01 - 21）. https: // www. gov. cn/jrzg/2009 - 01/21/content. 1210959. htm.

④ 丁小溪，范思翔. 聚天下英才而用之——党的十八大以来我国人才事业创新发展综述 ［J］. 中国人才，2021 （10）: 26 - 32.

级换代的步伐。

第四个时期是中国特色社会主义进入新时代以来。坚持党管人才原则，聚天下英才而用之，加快建设人才强国是中国特色社会主义新时代的一项基本战略。在党的十九大报告当中，习近平总书记指出：人才是实现民族振兴、赢得国际竞争主动的战略资源。要坚持党管人才原则，聚天下英才而用之，加快建设人才强国。实行更加积极、更加开放、更加有效的人才政策。这些思想是在中国同世界关系发生深刻变化、中国特色社会主义进入新时代的历史背景下提出的，是我们党人才观的重大创新，也是做好新时代引进外国人才和智力工作的行动指南。

人才强国战略、习近平新时代中国特色社会主义思想、创新驱动发展战略等，对新时代的海外高层次人才工作产生了重大影响。"中国尊"设计者、北京市建筑设计研究院有限公司总设计师吴晨表示："党的人才政策向我们敞开大门，就像人才局有关负责人所说'来欢迎、走欢送，再来还欢迎'，这份广纳天下英才的气度让人敬服。中国面临前所未有的发展机遇，也为我们提供了施展才华的广阔舞台。"

2.2　海外高层次人才引进工作政策、计划的现状

进入 21 世纪以来，我国处于经济转型和人才结构升级的双重紧要关头，国家相关部门对人才引进的政策制定与政策实施工作也更加频繁与积极。2000 年，人事部出台了《关于鼓励海外高层次留学人才回国工作的意见》，对高层次留学人员回国任职条件、科研经费资助、工资津贴水平等方面进行了指导性的规定，在这些方面给予回国的高层次人才相当程度的优待照顾。2007 年，人事部等 16 个部门共同制定了《关于建立海外高层次留学人才回国工作绿色通道的意见》。党的十七大以来，特别是第二次全国人才工作会议召开和《国家中长期人才发展规划纲要（2010 – 2020 年）》颁布实施以来，我国政府人才工作取得了显著进展和重要成绩。我国人才队伍不断壮大，到 2010 年底总量达到 1.2 亿人；以高层次和高技能人才为重点的人才资源开

发格局逐步确立；人事制度改革取得重要进展，各具特点的人事管理制度初步形成；人事人才法制化建设实现重大突破，依法行政和制度创新迈入新阶段；政府公共服务职能逐步强化，人才服务体系初步建立；政府人才综合管理能力明显提高，人事人才宏观调控体系进一步建立健全[1]。2015 年，习近平总书记在中央统战工作会议上强调，留学人员是人才队伍的重要组成部分，也是统战工作新的着力点。要坚持"支持留学、鼓励回国、来去自由、发挥作用"的方针，鼓励留学人员回国工作或以多种形式为国服务。[2] 当前，人才优先发展的社会共识基本形成，人才优先发展的引领作用初步显现，人才发展推动经济社会发展显现出良好势头。

　　经过 40 多年的不懈努力，我国目前已经初步形成了全方位、多渠道、覆盖面广的海外人才引进战略格局，相关政策体系也逐步完善，已经脱离了改革开放之前短期性、临时性的智力引进方式，开始探索和实践持续性、发展性和战略性的人才引进方式。有学者对 2008 年以来我国海外高层次人才引进工作的重点政策文件进行了整理（见表 2－1）。

表 2－1　　　　　　　2008 年以来国家人才引进重点政策文件汇总

出台时间	政策名称	政策主张及意义
2008 年	《中央人才工作协调小组关于实施海外高层次人才引进计划的意见》	1. 指出引进海外高层次人才是一项重大而紧迫的战略任务。 2. 分层次组织实施海外高层次人才引进计划。 3. 坚持重在使用，切实为海外高层次人才充分发挥作用提供良好条件。 4. 加强领导，建立健全海外高层次人才引进工作体制机制，引进对象强调科技类人才
2008 年	《引进海外高层次人才暂行办法》	规定具体工作办法，海外高层次人才引进工作有据可依，附细分领域人才引进工作细则：《国家重点创新项目引进人才工作细则》《重点学科和重点实验室引进人才工作细则》《中央企业和国有商业金融机构引进人才工作细则》和《海外高层次创业人才引进工作细则》，引进对象明确数量，人才范围更广泛，组织领导体系更为丰富具体

① 中国人事科学研究院"'十二五'时期我国人事人才事业发展的总体思路研究"课题组. "十二五"时期我国人事人才事业发展的总体思路研究 [J]. 第一资源，2011（2）：1 - 18.
② 中共中央文献研究室. 习近平关于社会主义政治建设论述摘编 [M]. 北京：中央文献出版社，2017：135.

续表

出台时间	政策名称	政策主张及意义
2010 年	《青年海外高层次人才引进工作细则》	国家级"青年人才计划"。申请对象年龄和资历方面的延伸，注重潜能，更利于人才梯队建设；支持不能全职回国（来华）工作的海外高层次人才短期为国服务
2010 年	《国家中长期人才发展规划纲要（2010－2020 年)》	我国第一个中长期人才发展规划，今后一个时期人才发展指导性文件，实施更加开放的人才政策，强调了海外高层次人才引进计划
2011 年	《"千人计划"高层次外国专家项目工作细则》	对象特指非华裔外国专家，由外专局牵头组织实施，外国专家年龄可放宽到 65 岁
2012 年	《外国人在中国永久居留享有相关待遇的办法》	中共中央组织部、人力资源社会保障部、公安部等25 部门共同印发，涉及在中国永久居留的外国人享有相关待遇问题
2012 年	《海外高层次人才交流基金－社会管理专项实施细则（试行)》	1. 海外高层次人才标准：在海外社会管理领域具备一定知名度和影响力的专家学者或在相关机构担任重要职务的知名人士、专家个人或团队负责人年龄在 70 岁以下。 2. 资助内容：海外高层次人才来华旅费及工作、生活费用；海外高层次人才项目研究费用；海外高层次人才项目成果推广应用费用；为更好地发挥海外高层次人才作用，创新理念和服务所需的其他支出
2014 年	《关于建立国家"人才计划"入选专家退出制度的意见》	从明确主体责任、信守工作合同、严格退出程序和强化管理监督四个方面对退出制度提出了总体要求，明确了三种退出形式，对用人单位、主管部门和评审部门在专家的管理、服务和监督等方面提出了要求，进一步完善了制度设计
2016 年	《关于深化人才发展体制机制改革的意见》	着眼于破除束缚人才发展的思想观念和体制机制障碍，解放和增强人才活力，形成具有国际竞争力的人才制度优势，聚天下英才而用之，明确深化改革的指导思想、基本原则和主要目标，从管理体制、工作机制和组织领导等方面提出改革措施，是当前和今后一个时期全国人才工作的重要指导性文件。将扩大人才开放作为基本原则之一，明确提出"完善更加开放、更加灵活的人才培养、吸引和使用机制"，"不唯地域引进人才"

续表

出台时间	政策名称	政策主张及意义
2017 年	《国家海外高层次人才引进计划管理办法》	对国家"人才计划"实施工作作出进一步规范，完善统分结合、分工协作的工作机制，提升工作科学化规范化制度化水平，《管理办法》重点对"人才计划"的项目体系、资格条件、遴选程序、服务管理、组织实施等内容作出规范，以适应更大力度实施这一计划的需要。具体有几个方面的创新：1. 巩固了机制调整成果；2. 完善了项目结构；3. 修订了支持政策；4. 规范了管理服务；5. 加强了工作统筹
2017 年	《外国人才签证制度实施办法》	R 字签证发放对象为国家经济社会发展需要的外国高层次人才和急需紧缺人才，符合"高精尖缺"和市场需求导向的科学家、科技领军人才、国际企业家、专门人才和高技能人才等。申请 R 字签证的外国人，应当符合《外国人来华工作分类标准（试行）》中外国高端人才（A 类）标准条件。国家外国专家局会同外交部、公安部，根据经济社会发展需要和人才资源供求状况适时调整外国高端人才认定标准
2018 年	《关于分类推进人才评价机制改革的指导意见》	对引进的海外高层次人才和急需紧缺人才，建立评价绿色通道。完善外籍人才、港澳台人才申报评价方法
2018 年	《国务院关于推动创新创业高质量发展打造"双创"升级版的意见》	1. 加快发展孵化机构联盟，加强与国外孵化机构对接合作，吸引海外人才到国内创新创业。 2. 积极引导侨资侨智参与创新创业，支持建设华侨华人创新创业基地和华侨大数据中心；探索国际柔性引才机制，持续推进海外人才离岸创新创业基地建设。 3. 深入实施留学人员回国创新创业启动支持计划，遴选资助一批高层次人才回国创新创业项目；健全留学回国人才和外籍高层次人才服务机制，在签证、出入境、社会保险、知识产权保护、落户、永久居留、子女入学等方面进一步加大支持力度
2018 年	《国务院关于全面加强基础科学研究的若干意见》	培养造就具有国际水平的战略科技人才和科技领军人才：把握国际发展机遇，围绕国家重大需求，创新人才培养、引用、事业机制，更大力度推进实施国家"人才计划""万人计划"等高层次人才引进和培养计划，多方引才引智，广聚天下英才
2019 年	《职称评审管理暂行规定》	申报审核：对引进的海外高层次人才和急需紧缺人才，可以合理放宽资历、年限等条件限制

出台时间	政策名称	政策主张及意义
2019 年	《关于新时期支持科技型中小企业加快创新发展的若干政策措施》	1. 鼓励科研人员创新创业：支持持有外国人永久居留证的外籍高层次人才创办科技型企业，给予与中国籍公民同等待遇。 2. 加强国际人才交流对接：优先支持科技型中小企业参与"国际杰青计划"，帮助科技型中小企业与相关领域外国青年人才进行对接；支持科技型中小企业派选专业技术人才参加中长期出国（境）培训
2019 年	《国务院关于落实〈政府工作报告〉重点工作部门分工的意见》	改革完善人才培养、使用、评价机制，优化归国留学人员和外籍人才服务
2019 年	《人力资源和社会保障部关于充分发挥市场作用促进人才顺畅有序流动的意见》	构建更加开放的国际人才交流合作机制： 1. 实行更加积极、更加开发、更加有效的人才引进政策，面向全球引进处于国际产业和科技发展前沿，具有世界眼光和深厚造诣、对华友好的各类优秀外国人才。 2. 积极开辟高端引才聚才渠道，建立国际人才资源对接平台。 3. 研究探索精准定向引进人才和走出去培养人才的有效策略和机制。 4. 简化优化出入境管理机构外国人签证证件审批，对符合条件的外国人才提供办理人才签证、工作许可证和长期居留许可的便利，完善国外专家人才住房、教育、医疗等服务保障措施。 5. 加强职业资格双边或多边互认。 6. 支持鼓励优秀外国留学生毕业后直接在我国创业就业。 7. 鼓励支持留学人员回国创新创业，实施留学人员回国创业启动支持计划，鼓励各地探索建立青年留学回国人员实习基地。 8. 事业单位可面向全球公开招聘高层次急需紧缺人才，支持企业在海外建立研发机构，面向全球自主引才用才
2019 年	《关于促进国家大学科技园创新发展的指导意见》	1. 吸引优秀校友、留学人员和海外高层次人才团队等入驻大学科技园，集聚优秀创新团队。 2. 吸引海外高层次人才创新创业，实施外国人来华工作许可制度，开展外国高层次人才服务"一卡通"试点，完善外国人才由工作居留向永久居留转换机制。 3. 允许外国留学生凭高校毕业证书、创业计划申请加注"创业"的私人事务类居留许可

续表

出台时间	政策名称	政策主张及意义
2020 年	《国务院关于促进国家高新技术产业开发区高质量发展的若干意见》	1. 支持国家高新区面向全球招才引智。 2. 在国际高新区内企业工作的境外高端人才，经市级以上人民政府科技行政部门（外国人来华工作管理部门）批准，申请工作许可的年龄可放宽至 65 岁。 3. 国家高新区内企业邀请的外籍高层次管理和专业技术人才，可按规定申办多年多次的相应签证；在园区内企业工作的外国人才，可按规定申办五年以内的居留许可。 4. 对在国内重点高等学校获得本科以上学历的优秀留学生以及国际知名高校毕业的外国学生，在国家高新区从事创新创业活动的，提供办理居留许可便利
2020 年	《中共中央 国务院关于构建更加完善的要素市场化配置体制机制的意见》	畅通海外科学家来华工作通道。在职业认定认可、子女教育、商业医疗保险以及在中国境内停留、居留等方面，为外籍高层次人才来华创新创业提供便利
2021 年	《国务院关于印发"十四五"就业促进规划的通知》	1. 实施更加积极更加开放更加有效的人才政策，加大创业人才引进力度，为外籍高层次人才来华创业提供便利。 2. 支持地方进一步加快建设留学人员创业园，持续推动省部共建
2022 年	《国务院关于落实〈政府工作报告〉重点工作分工的意见》	加快建设世界重要人才中心和创新高地，完善人才发展体制机制

纵观 21 世纪我国的人才引进政策，主要呈现以下四个特点。

一是从过去的精神上鼓励回国到现在的政策上吸引回国，即不再只喊口号。2008 年中央出台了《中央人才工作协调小组关于实施海外高层次人才引进计划的意见》和《引进海外高层次人才暂行办法》之后，有关部门又相继出台了许多具体的工作细则和规定，按照分层次组织实施"引进"政策的要求，中央及其各部门各司其职、相互配合，政策制定力度不断增强。

二是很务实地努力为高层次人才创造更好的工作环境和生活环境，达到吸引人才主动回国就业的目的。例如，外籍引进人才及其随迁外籍配偶和未成年子女，可办理外国人永久居留证，或 2～5 年有效期的多次往返签证；具有中国国籍的引进人才，可不受出国前户籍所在地的限制，选择在国内任一城市落户；中央财政给予引进人才每人人民币 100 万元的一次性补助（视同国家奖金，免征个人所得税）。

三是完成了从追求行动到追求结果的转变。曾经受到计划经济思维影响，吸引人才着重将人才引进来完成数字任务，要的仅仅是让他们回来。由于中国不承认双国籍，海外人才来华长期居住存在一定障碍，不过与曾经相比，现在吸引人才更注重的是获得人才的服务，因此引进人才仍然可以在为我国进行高科技研究或创业的同时身居国外，包括保留外国国籍。

四是对高层次留学人才提供的各项政策都尽量优厚，政策支持进一步加强，重视人才引进的力度、速度。国家从 2008 年开始的"人才计划"，针对重点紧缺领域的高精尖人才的引进工作，如今已经初见成效。与此同时，各省（区、市）也纷纷结合本地区经济社会发展和产业结构调整的需要，相当有针对性地引进一批海外高层次人才，贯彻落实国家的人才政策，即地方"百人计划"。

2.3　海外高层次人才引进政策存在的问题

2.3.1　人才需求与供给结构失衡

海外人才引进是与改革开放政策相辅相成的，改革开放的前期研究工作在系统性和整体性方面存在不足，具备典型的"摸着石头过河"色彩。政策的系统性和整体性不强，属于政策的先天性不足，导致人才引进政策实施过程中的摇摆甚至矛盾，也导致了人才引进结构问题。

人才队伍总量仍明显不足，需求结构与供给结构失衡，还不能满足经济社会发展需要。同时，大量高层次人才特别是高科技人才局限在高校及科研院所，导致科研转化为生产力的能力弱。经济一线、社会管理和基层人才缺乏，特别是优秀领军人才、企业家和高层次创新创业人才紧缺。一些地方不惜花大价钱引项目买设备，却不愿用重金引人才借外脑，对"人力资源是第一资源"的认识不够透彻。根据调查，目前我国高层次人才以及海外高层次人才还远达不到经济社会发展的需要，需求与供给结构失衡。

海外高层次人才需求与供给结构失衡主要体现在学科结构失衡方面。引进的海外高层次人才不仅年龄层次偏高，学科差别也相当明显，理工科成绝对主力，人文社科人员缺乏，美国高校和科研院所背景居多，西欧背景偏少，且"回国"人员远多于"来华"的非华裔人员。

2.3.2 人才引进缺乏协调统一，政策同质化现象严重

我国引进海外高层次人才政策的演进，是重新分配人才资源的制度创新过程。从制度变迁的角度看，21 世纪初期在国家层面推动的人才政策填补了海外高层次人才市场的制度真空，推动了从中央到地方的一系列制度创新。

在中央层面，2000 年，人事部出台了《关于鼓励海外高层次留学人才回国工作的意见》，2005 年，人事部、教育部、科技部和财政部印发了《关于在留学人才引进工作中界定海外高层次留学人才的指导意见》，2007 年，人事部等 16 个部门共同制定了《关于建立海外高层次留学人才回国工作绿色通道的意见》，2008 年 12 月，中共中央办公厅转发了《中央人才工作协调小组关于实施海外高层次人才引进计划的意见》。从这几年实践来看，中央实施的国家级人才计划有效地树立起了我国人才引进的国家品牌，并成为指导各地方制定人才引进政策和项目的范本。

在地方层面，2008 年之前，只有少数省份出台了专项的引才政策和项目，例如，2003 年上海的"海外高层次人才集聚工程"，2007 年江苏的"高层次创新创业人才引进计划"等。2008 年后，在中央政策的强效刺激下，地方政府成为推动海外高层次人才制度变迁的重要主体，各省、自治区、直辖市相继出台了对应的人才计划和相关政策。比如深圳的"孔雀计划"和"鹏程计划"，珠海的"英才计划"和"蓝色珠海高层次人才计划"，以及上海制定的《浦东新区引进海外高层次人才意见》《浦东新区高层次归国留学创业人才住房补贴专项资金管理办法》，并向下逐级扩展，直至区县。各地方还积极探索"人才特区""人才管理改革试验区"的建设（譬如北京中关村、

武汉光谷、上海张江、深圳前海等），尝试在特定区域探索试验人才体制机制改革和政策创新。

在中央和地方各类人才计划和项目的共同推动下，我国引进海外高层次人才工作取得了跨越性的发展，为世界所瞩目。尽管人才问题受到前所未有的重视，人才政策非常多，既有组织、人社、科技、教育等各类部门出台的人才政策，也有各区县出台的人才政策，还有一些针对特殊区域和特殊群体的人才政策，但太多的政策经常让人无所适从。①在这场引才盛宴中，恶性竞争、引才短期性和功利性以及市场和社会力量参与不足等问题已经浮现，影响了人才这一稀缺资源的配置和使用效率。研究发现，我国引进海外高层次人才政策同质化可分为纵向对齐和横向对标两类，前者主要体现在政策主体和政策客体维度，后者主要体现在政策工具维度。政府本位、职责同构、产业同构和传统社会管理模式是造成政策同质化的主要制度根源。政策同质化是我国地方竞争的一个重要现象。通过表 2 - 2 对 20 个地区的引才政策文本比较，我们可以看到其同质化已经非常严重。

表 2 - 2 20 个地区的引才政策文本

地区	主要政策	制定时间
北京中关村	《中关村高端领军人才聚集工程实施细则》	2010 年
	《国际人才社区建设研究》	2019 年
	《关于进一步加强中关村海外人才创业园建设的意见》	2021 年
武汉光谷	《武汉东湖新技术开发区 3551 人才计划的暂行办法》	2009 年
	《武汉东湖新技术开发区"3551 光谷人才计划"实施办法》	2018 年
	《武汉东湖新技术开发区关于推动人才创新创造支撑东湖科学城建设的若干措施》	2018 年
南京	《南京市"紫金人才计划"实施意见》	2011 年
	《高端人才团队引进计划实施细则（试行）》	2013 年
	《南京市"345"海外高层次人才引进计划实施细则（试行）》	2018 年

① 吴江. 构建城市人才竞争力的治理优势［R］. 2018.

续表

地区	主要政策	制定时间
无锡	《关于引进领军型海外留学归国创业人才计划的实施意见》	2006 年
	《关于以更大力度实施无锡海外高层次人才引进计划的意见》	2009 年
	《关于实施"飞凤人才计划"的意见》	2018 年
	《关于实施"太湖人才计划"打造国内一流具有国际影响力人才发展高地的若干意见》	2018 年
厦门	《厦门市引进海外高层次人才暂行办法》	2010 年
	《关于加快建设海西人才创业港 大力引进领军型创业人才的实施意见》	2010 年
	《厦门市实施"海纳百川"人才计划打造"人才特区"2013—2020 行动纲要》及配套政策文件	2013 年
	《关于深化人才发展体制机制改革 加快推进人才强市战略的意见》	2017 年
杭州	《杭州市全球引才"521"计划实施意见》	2010 年
	《关于鼓励和吸引海外高层次人才入驻浙江海外高层次人才创新园创新创业的若干意见(试行)》	2010 年
	《关于引进海内外优秀创新创业人才"325"计划》	2014 年
	《关于实施新一轮高层次人才来萧创新创业"5213"计划的办法》	2018 年
宁波	《关于实施海外高层次人才引进"3315 计划"的意见》	2011 年
	《宁波市加快集聚顶尖人才实施办法(试行)》	2018 年
南昌	《关于实施"513"海外创新创业人才引进计划的若干意见》	2010 年
	《关于实施"天下英雄城 聚天下英才"行动计划的意见》	2018 年
	《南昌市顶尖领军人才领航计划实施细则(试行)》	2018 年
	《南昌市优秀青年人才储备计划实施细则(试行)》	2018 年
	《南昌市高科技人才"洪城计划"实施办法》	2020 年
西安	《西安市引进海外高层次人才实施办法》	2010 年
	《西安市打造内陆改革开放人才高地强化人才队伍建设及科技创新三年行动计划(2020 – 2011 年)》	2020 年
	《"西安英才计划"青年人才项目实施办法》	2021 年

续表

地区	主要政策	制定时间
成都	《成都市引进高层次创新创业人才实施办法》	2011 年
	《成都实施人才优先发展战略行动计划》	2017 年
	《天府实验室全球高端人才招引计划》	2020 年
	《成都市人才发展"十四五"规划（征求意见稿）》	2021 年
	《成都市建设全国创新人才高地五年行动计划（征求意见稿）》	2021 年
深圳	《中共深圳市委 深圳市人民政府关于实施引进海外高层次人才"孔雀计划"的意见》	2011 年
	《关于促进人才优先发展的若干措施》	2016 年
	《深圳经济特区人才工作条例》	2017 年
	《中共深圳市委深圳市人民政府印发〈关于实施"鹏城英才计划"的意见〉的通知》	2018 年
	《关于进一步实施福田英才荟计划的若干措施（2021 年)》	2021 年
	《关于促进人才优先发展实施"深龙英才计划"的意见》	2022 年
上海	《公安部、上海市人民政府建立健全移民与出入境管理服务机制，推进实现上海高水平开放合作备忘录》	2019 年
	《关于新时代上海实施人才引领发展战略的若干意见》	2020 年
	《上海市浦江人才计划管理办法》	2020 年
	《鼓励留学生来上海工作和创业的若干规定》	2021 年
苏州	《关于进一步推进姑苏人才计划的若干意见》	2010 年
	《苏州市关于加快海外高层次人才引进工程（1010 工程）的实施意见》	2011 年
	《关于进一步推进苏州高新区科技创新创业人才计划的实施细则》	2018 年
	《关于加快集聚高端和急需人才的若干意见》	2020 年
	《姑苏重点产业紧缺人才计划实施细则》	2021 年
	《姑苏创新创业领军人才计划实施细则》	2021 年
	《关于进一步推进实施苏州工业园区"金鸡湖人才计划"的意见》	2021 年
广州	《关于加快吸引培养高层次人才的意见》	2010 年
	《羊城创新创业领军人才支持计划实施办法》	2016 年
	《广州市价值创新园区建设三年行动方案（2018－2020 年)》	2018 年
	《中共广州市委广州市人民政府关于实施"广聚英才计划"的意见》	2019 年

续表

地区	主要政策	制定时间
武汉	《武汉市实施"黄鹤英才计划"的办法（试行）》	2010 年
	《"3551 光谷人才计划"实施办法》	2021 年
济南	《济南市引进海内外高层次人才规定》	2009 年
	《关于实施泉城双创人才计划的意见》	2016 年
	《泉城"5150"引才倍增计划实施细则（试行）》	2016 年
	《关于支持人才创新创业发展的若干政策"四海菁英"集聚计划》	2019 年
	《关于深化户籍制度改革加快人才集聚的若干措施》	2020 年
大连	《大连市海外优秀专家集聚计划引智项目管理实施细则》	2016 年
	《中共大连市委办公室大连市人民政府办公室印发〈关于落实"5＋22"人才政策的几个具体问题〉及 31 个配套实施细则的通知》	2019 年
南宁	《南宁市引进海外人才工作实施办法》	2018 年
	《南宁市深化人才发展体制机制改革打造面向东盟的区域性国际人才高地行动计划》	2018 年
	《南宁市创新创业领军人才"邕江计划"实施办法》	2018 年
珠海	《鼓励海外高层次人才创业和引进国外智力暂行办法》	2013 年
	《关于实施"珠海英才计划"加快集聚新时代创新创业人才的若干措施（实行）》	2018 年
天津	《天津市实施海外高层次人才引进计划的意见》	2017 年
	《天津市"海河英才"行动计划》	2018 年

资料来源：吴帅. 府际关系视野下的我国海外引才政策同质化研究 [J]. 中国行政管理，2014 (9)：89－92.

由于政策的同质性现象比较普遍和严重，再加上区域经济发展不平衡，欠发达地区与发达地区之间在产业基础、经济实力、基础设施、公共服务、社会保障和法律保障等方面存在较大差距，导致二者对科技人力资源的吸引力大相径庭。人才分布失衡体现在，引进的海外高层次人才主要分布在经济发达地区的重点高科技园区、华中高校、科技型企业。可见引进的人才大部分在科研院所和各类高校，分布在企业的海外高层次人才很少，尤其是高级管理人才和创业人才。

2.3.3　政策的稳定性、连续性较差，相关配套政策脱节，导致人才再流失

　　在响应国家统一政策要求下，很多地方政府把人才引进列为政府工作的重点之一，并展开了无序竞争。海外人才政策的随意性较大，政策内容变化剧烈，稳定性差，连续性差，尤其是很多承诺的配套资源和投入后劲不足，融资渠道不畅通。以上问题已经成为影响海外人才引进科学合理有序的重要因素，也成为了海外高层次人才创业过程中遇到的最大难题。引进创新创业人才的企业一般处在初创时期，需要大量资金投入研究与开发。虽然政府给予他们的资金支持力度已经很大，但相对于周期较长的创业项目仍是杯水车薪，远远不能达到企业的需求，这时就需要外部资本市场的资金支持。但一方面，国内银行一般要用固定资产作抵押才能贷款，而留学人员回国创业大多只有技术、专利等无形资产，且核定困难，又没有多少固定资产，加之自身在金融机构的信誉还未建立起来，故很难通过正常渠道从银行获得资金；另一方面，我国风险投资起步较晚，且发展相对落后，对人才、知识的投资更是少之又少，也很难从其他外部机构获得资金支持。因此，企业的资金来源成了问题，不利于创新创业的长期发展。

　　除此之外，海外高层次人才回国发展的同时非常关注"社会环境、发展机会及人际关系"，也很关注"社会保障、住房补贴和子女就学"等实际问题。海外高层次人才在职称评审、项目申请、办理落户、租房购房、小孩入学入托等工作生活方面，都会遇到一些困难。而花费大量的精力、物力和财力引进人才，却经常因为相关配套政策脱节，衔接不紧密，影响人才引进的工作，甚至会导致引进人才的流失。[①] 另外人才引进后产生科研成果需要一个周期，可能受到其他职工的质疑，甚至产生一些抵触情绪，造成人际关系不融洽。[②]

---

　　① 成芳. 试论海外高层次人才引进政策研究 [J]. 黑龙江高教研究，2014 (3)：54－56.
　　② 杨振权，李军. 提高海外高层次人才引进效能的对策与建议 [J]. 人力资源管理，2016 (4)：54－55.

许多人才"身在曹营心在汉",大量科技成果在外地转化,往往是"孔雀东南飞"。人才发展体制机制创新力度不够,人才培养、评价、使用、流动、激励政策体系不健全,人才发展创业环境不优,发挥人才积极性、创造性不够,优秀人才"留不住、用不活"现象仍然存在。

2.3.4　重引进轻管理,人才引进的绩效目标未能较好达成

目前,我国海外人才引进的"重引进轻管理"现象已经逐步显现,主要体现在以下五个方面。

一是经费管理和激励制度要么失控,要么过于僵化。有些国内单位盲目追求引进海外高层次人才,经费支出额度巨大,对日常的教学、实验、福利活动经费造成了冲击,[①] 或者过分倚重人才项目申报与评比,而忽视未来人才资源的寻访、追踪与扶持,在激励约束机制上,重物质奖励,轻人文关怀,在人才流向上,重资源集中轻宏观调控。[②] 二是人才激励政策过于倾斜于个体,团队激励和团队建设不足。人才引进后,在陌生的环境下还要面临"单兵作战"的局势,很难形成合力,需要重新组建团队,政策上还要不断扶持,浪费了很多时间和精力,造成科研产出延迟。[③] 三是缺乏科学的面向人才引进以及引进人才或团队的绩效评价机制,更缺乏风险管控机制。一方面是对政策本身缺少评估,对其效果和执行情况缺少客观、系统的考察和评价;另一方面是对引进人才质量和水平的评价体系尚需完善,未能建立一套成熟的人才评价标准体系,评价过程偏行政化且方法单一,缺少国际化、专业化、市场化的人才评价机制。四是人才投资重短期效益,轻长期规划。人才评审偏重流程而非人才潜质本身,只注重短期项目研发需要,而忽视了人才梯队建设。[④]五是后期投融资机制不畅,配套资源不到位。

《2020 年中国海归就业创业调查报告》显示,留学生回国的主要障碍中,

---

① 杨振权,李军. 提高海外高层次人才引进效能的对策与建议 [J]. 人力资源管理,2016 (4):54 – 55.

②④ 倪海东,杨晓波. 我国海外高层次人才引进与服务政策协调研究 [J]. 中国行政管理,2014 (6):110 – 113.

③ 成芳. 试论海外高层次人才引进政策研究 [J]. 黑龙江高教研究,2014 (3):54 – 56.

不了解国内当前对海归人才的政策排名第一，占留学生回国发展障碍的61.7%；而不了解国内当前就业市场为第二大障碍，占比57.5%；第三是回国航班受限制，占比32.5%。就业信息不对称将留学生群体处于相对被动的位置，也一定程度上影响了他们在国内的发展计划。因此，相关就业服务机构应完善海归人才服务机制、构建海归与国内市场信息沟通体系，将有助于打破海归的"就业信息不对称"。① 以《2021 年中国海归就业创业调查报告》的调查数据为例，海归求职过程中遇到的困难中第一为回国海归增多，竞争加大，占比64%；第二为国内企业对海归偏好减弱，占比39.5%；第三为整体求职竞争加剧，占比39%。可见，虽然海外留学生归国数量增加，但是国内环境、政策并没有随之适时调整，导致我国引进的海外高层次人才无论是外籍人员还是中国海归人才都面临着国内大环境下的管理问题。②

2.3.5 引进各自为政，产生"人才孤岛"，同业间缺乏合作

目前很多地区的海外高层次人才引进政策无法与当地产业发展布局相结合，未能彰显地方特色，无法将区域产业布局拉开层次，不能体现人才引进政策的系统性、协同性，缺乏全局的、整体的战略谋划。即使是在同一个高科技园区，同行业、高层次人才之间的交流联系都较少，更不用说企业之间的合作。以国内某开发区为例，园区内集中了大量光电子信息企业和生物企业，但由于缺乏积极灵活的同行业交流平台和机制，企业间交流合作少，信息共享程度低，不利于同行业企业间竞争与合作关系的建立，不利于园区内产业长期健康的发展。

2.3.6 人才引进对象过于偏重优秀领军个体，团队式引进不足

目前国家和各地人才引进政策关注的重点还是优秀个体，尽管现在已经开始强调团队引进，但是，政策倾斜的重点还是领军人才，团队引进非常有

① 全球化智库（CCG）智联招聘. 2020 中国海归就业创业调查报告 ［R］. 2020.
② 全球化智库（CCG）智联招聘. 2018 中国海归就业创业调查报告 ［R］. 2020.

限。为较好地了解海外人才团队引进与建设，2013 年以来，上海社科院高子平课题组针对京沪二地科研机构（高校）留学回国人才的团队建设问题，进行了后续访谈。部分调查结论如下。

对于现有团队建设的总体评价。从统计结果来看，39.07% 的受访者表示"比较满意"，5.30% 的受访者表示"非常满意"，39.07% 的受访者表示"基本满意"，另有 14.57% 的受访者表示"不太满意"。可见，留学回国人才对于团队建设总体上持基本满意态度。①

对于团队建设的具体期望。团队建设存在着不同程度的问题，并对留学回国人才的发展造成了一定的干扰，因此，如何进行团队建设，是相关调查的最终落脚点。统计结果显示，仅有 0.68% 的受访者表示"不需要强调团队建设，应该以个人为主"，有 33.78% 的受访者要求"自己牵头组建团队"，25.68% 的受访者要求"参与现有团队的管理与协调"，21.62% 的受访者要求"形成团队内部合理的成果分配及绩效分享机制"，18.24% 的受访者要求"淡化现有团队的行政化色彩"。②

---

①② 吴江，张相林. 我国海外人才引进后的团队建设问题调查 [J]. 中国行政管理，2015（9）：78 - 81.

第3章

国内标杆区域人才引进政策经验

　　我国高层次人才引进工作开展几十年来，积累了经验，也存在问题，并在发展过程中积极创新，探寻道路。自《国家中长期人才发展规划纲要（2010－2020）》提出 2020 年我国人才发展的总体目标，鼓励地方和行业积极建立人才管理改革试验区以来，以北京中关村国家级人才特区建设为标志，各地人才管理改革试验区建设进入空前繁荣的发展阶段。2021 年，中央人才工作会议提出，要坚持党管人才，坚持面向世界科技前沿、面向经济主战场、面向国家重大需求、面向人民生命健康，深入实施新时代人才强国战略，全方位培养、引进、用好人才，加快建设世界重要人才中心和创新高地。会议提出加快建设世界重要人才中心和创新高地，必须把握战略主动，做好顶层设计和战略谋划。在北京、上海、粤港澳大湾区建设高水平人才高地，一些高层次人才集中的中心城市也要着力建设吸引和集聚人才的平台，开展人才发展体制机制综合改革试点，集中国家优质资源重点支持建设一批国家实验室和新型研发机构，发起国际大科学计划，为人才提供国际一流的创新平台。各地的试验区在营造更加人本、自由、宽松的人才发展环境方面，取得了明显的效果，为我国海外高层次人才的引进提供了宝贵的政策经验。①

---

　　① 吴江. 滨海新区建设人才管理改革试验区研究报告［R］. 2013.

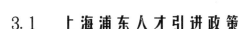

3.1　上海浦东人才引进政策

为了促进浦东新区深化开发和持续发展，2008 年以来，浦东陆续出台了"1 + 7"等一批重点人才扶持政策，形成了一套系统完整的人才政策体系，惠及海内外各类人才。2013 年批准建设的上海自贸区的一系列创新政策，更是为上海人才工作带来了前所未有的机遇。[①] 2017 年全国首家专门对海外人才、港澳台人才进行政策制定、管理和服务的浦东海外人才局正式成立，加快推动了浦东国际人才的高原高峰建设。[②] 为切实贯彻党的二十大精神，落实上海建设高水平人才高地战略部署，打造"国际人才发展引领区"，浦东新区 2023 年 1 月出台了《关于新时代浦东新区全面推进社会主义现代化建设引领区人才发展的实施意见》（浦东人才"25 条"），围绕人才"25 条"，构建"1 + 1 + N"人才政策体系。

3.1.1　人才工作机制创新

一是完善投融资服务体制，打造国际人才创业的最优之地。以"资本金 + 利息"退出模式，为入选国家级人才计划的创业企业等提供投融资服务；通过"银政合作"，为浦东中小企业融资、上市铺设"绿色通道"；完善引导基金、信用担保等融资支持平台；扩大"新三板"试点，建立健全科技创新企业上市推进机制；探索知识产权质押融资，加强对知识产权的保护；强化创新创业的法治保障。

二是拓展人才基地建设，创新人才发展和服务机制。探索建立临港创业新城；实施"春江计划"，推进张江自主创新示范区建设；创建国家级和市级海外高层次人才创新创业基地；完善人才基地创业孵化和公共平台；深化

①　吴江 . 滨海新区建设人才管理改革试验区研究报告［R］. 2013.
②　张波 . 浦东开发开放三十年人才政策发展历程、总结及展望［J］. 科学发展，2020（4）：19 - 27.

各类人才基地的联动发展。

三是探索"浦东国际人才市场",完善人才流动、配置和激励机制。建立高端人才供需引导机制;进一步扩大人才市场对外开放的程度;探索建立符合国际惯例的薪酬定价机制;争取试点具有国际竞争力的海外人才个人所得税政策。

3.1.2 人才政策创新

一是鼓励和吸引金融人才,提高浦东新区金融业的创新能力和核心竞争力。实施国际金融人才集聚工程,完善《浦东新区集聚金融人才实施办法》,对金融法人机构和非法人机构的高端管理和专业人员,根据其贡献程度给予一定的奖励;对金融机构所从事的人才开发、引进、培训、研讨交流或改善人才居住环境等给予一定的补贴。

二是鼓励和吸引人才开展自主创新工作,加快提升浦东新区自主创新能力。推进浦东"百人计划",打造人才核心竞争力。出台《浦东新区引进海外高层次人才意见》,通过个人资助、创业扶持、创业团队支持等优惠政策,引进100名以上具有海外丰富从业经历、通晓国际规则和惯例、掌握核心技术、带动产业发展的海外高层次人才。对领军人才、创新团队、重要研发人员,服务于金融创新和自主创新活动的大型会计师事务所、大型人力资源服务企业中的专业人才,根据其贡献程度,给予一定的资助,用于医疗、保险、住房等补贴。

三是进一步扩大项目博士后科研工作范围,推动产学研合作。单位每招收一名进站博士后,给予一次性补贴10万元,用于博士后的项目研究和生活补贴;对引进流动站博士后开展短期项目研究的单位给予一次性3万元的项目资助。

四是推动政府、企业、社会共同参与人才公寓建设。三年内规划建设3.7万套、230万平方米的各类人才公寓,以缓解人才的住房困难,并对入住人才公寓的人才提供房租补贴。对符合浦东新区重点产业发展要求的外省市来浦东工作和创业的人才,优先安排入住人才公寓。

五是建立"绿色通道",鼓励优秀人才集聚浦东。为符合《上海市吸引国内优秀人才来沪工作实施办法》规定的人才解决上海户籍,其中浦东新区重点发展的高新技术、金融等现代服务业等领域的单位高管、主要研发人员、主要技术骨干、学科带头人和为浦东做出一定贡献的得到市场和社会认可的特殊人才优先解决户籍;为高级专家就医提供方便,为高层次人才子女入学入园提供方便。

六是通过重点人才工程支撑浦东特色产业发展。实施《浦东新区集聚航运人才实施办法》,大力引进重点航运企业、大型航运先进制造与维修企业、高成长性航运企业、高端航运服务企业、知名功能性航运机构的高层次人才,提供政策优惠和配套服务。加强总部经济高端人才引进和培育,制定《浦东新区集聚总部经济高端人才实施办法》,大力发展总部经济,集聚全球顶尖企业的研发中心、运营中心、销售中心、物流中心等总部研发机构,加强对总部经济高端人才的引进和培育,建立高端人才资源储备库,打造国内领先的总部经济人才高地。

3.2　深圳"孔雀计划"

深圳"孔雀计划"主要是以推动高新技术、金融、物流、文化等支柱产业发展,培育新能源、互联网、生物、新材料等战略性新兴产业为重点,聚集一大批具备较高专业素养和丰富海外工作经验、掌握先进科学技术、熟悉国际市场运作的海外高层次创新创业人才,引进对产业发展有重大影响、能带来重大经济效益和社会效益的核心团队。深圳市"孔雀计划"主要包括以下几部分。

3.2.1　人才认定

根据《深圳市海外高层次人才认定标准(2022年)》,海外高层次人才任期评估的对象为:经认定的深圳市国家级领军人才、地方级领军人才、后

备级人才以及海外高层次人才。并将海外高层次人才分为 A、B、C 三类。A
类人才对应国家级领军人才，B 类人才对应地方级领军人才，C 类人才对应
后备级人才，同时依据《深圳市人力资源和社会保障局关于做好高层次人才
任期评估工作的通知》对海外高层次人才进行认证。

3.2.2 生活待遇

在划分海外高层次人才类别的基础上给予奖励补贴，根据《深圳市海外
高层次人才享受特定待遇的若干规定》（试行）在居留和出入境便利、落户、
子女入学、配偶就业、税收、医疗和保险等方面给予优惠，确保海外高层次
人才能够在深圳享受到生活待遇方面的便利。

3.2.3 创新创业专项资助

设立由市人才工作领导小组统筹，市财政部门负责专项资金管理、审核、
下达专项资金计划的海外高层次人才创新创业专项资金，支持海外高层次人
才和团队在深圳创新创业，并按照《深圳市海外高层次人才创新创业专项资
助办法（试行）》对海外高层次人才给予创业资助、创业场租补贴、项目研
发资助、成果转化资助、团队资助、政策配套资助，另外积极引导社会资金
扶持海外高层次人才创新创业。

"孔雀计划"实施后，深圳市高层次人才引进工作取得了卓越成效。
人才总量快速增长，高层次专业人才队伍不断壮大，人才国际化水平不断
提高。截至 2016 年底，全市累计共确认海外高层次人才 1996 人，其中国
家级领军人才 131 人、地方级领军人才 509 人、后备级人才 1356 人。截至
2021 年底，各类人才总量超 600 万人；高层次人才总数超 2 万人；留学回
国人数超 18 万人。全市新当选两院院士 4 人，新增全职院士 20 人，总数
达到 74 人。

3.3　北京中关村科技创业园

中关村是我国也是世界上科教智力资源较为密集的地区。中关村示范区建设按照人才强国战略的要求，贯彻落实国家中长期人才规划纲要，全面发挥人才资源优势。中关村人才特区以人才智力高度密集、体制机制真正创新、科技创新高度活跃、新兴产业高速发展为目标，建立起较为完善的高层次人才管理体系，为我们提供了许多可供借鉴的经验。

3.3.1　人才管理体制

3.3.1.1　构建中央、省市、示范区三级协调的工作机制和管理体制

作为国际级人才特区，在中央人才工作协调小组的直接指导下，中关村搭建了中央、省（北京市）、区（示范区）相互协调的三级管理体系。在中央人才工作协调小组的指导下，由中央组织部牵头，国家发展改革委、教育部、科技部、工业和信息化部、公安部、财政部、人力资源和社会保障部、商务部、人民银行、海关总署、税务总局、证监会、外国专家局、国家外汇局和北京市有关部门等参加，共同负责人才特区建设的组织领导和统筹协调，北京市具体负责人才特区的建设工作。该机制为中关村各项任务和重大工程的顺利实施、推动园区发展提供了有力支持。

3.3.1.2　建立跨层级跨部门的联合审批机制

2010 年 12 月 31 日，北京市与 19 个国家部委共同组建了中关村科技创新和产业化促进中心（首都创新资源平台）。该中心下设科技金融工作组、人才工作组、中关村科学城工作组和现代服务业工作组等 8 个办事机构，共有 110 名派驻人员集中办公，其中 3 位小组组长由北京市委办局主管领导担任，

入驻中心的北京市各委办局主管领导和国家部委司局长各达近 20 位。① 该中心在中关村人才特区建立了跨层级跨部门的联合审批机制，实现了中央、北京市的各类人才发展资源的高效整合。

3.3.1.3 高度重视资源整合机制

重点是跨层级、跨部门整合人才工作资源。

3.3.1.4 建设全新的创业孵化机制

探索国际通行的科研开发与创业机制，打造大型企业集团技术创新和成果转化基地。改革现有大学科技园、留学人员创业园、科技企业孵化器的运行机制，建立从创业项目植入到转化发展的全过程服务体系，安排专门区域，为"海归"人才创业和推广新产品提供空间。新建若干海外学人科学园，探索多种形式的科研成果孵化模式。统筹考虑现有科研布局和科技资源情况，推动创意实验室建设，配设科研设备、实验助手等，为国内外各类尖端项目的深化研究提供服务平台。高层次人才创办的企业在京建设总部、研发中心和产业化基地，可根据项目研发生产的需求，代建实验室、生产厂房等基础设施，以租赁方式供企业使用，北京市给予一定的租金补贴，企业可适时回购。

3.3.1.5 健全与国际接轨的创业金融服务体系

大力引进和聚集各类投资机构，推动天使投资者、股权投资机构和股权投资管理公司在人才特区发展。健全完善吸引境内外风险投资的工作体系，着力加强对各类国际资本的开发利用。建立健全以股权投资为核心，投保贷联动、分阶段连续支持的新机制，形成政府资金与社会资金、股权融资与债权融资、直接融资与间接融资有机结合的科技金融合作体系。建立创业企业改制、代办股份转让、在境内外上市的扶持体系。

---

① 国家发展改革委关于印发中关村国家自主创新示范区发展规划纲要（2011－2020 年）的通知 [EB/OL]. （2011－02－24）. https://www.gov.cn/zwgk/2011－02/24/content_1809913.html.

3.3.1.6 创新人才公共服务机制

中关村人才特区坚持以人才发展需要为重的政策着力点，努力实现人才住有所居、病有所医、学有所托。2011年5月30日，《海淀区推进中关村人才特区建设若干措施》出台。这一文件涉及20条措施（被称为"海淀20条"），对高层次人才的住房、子女入学、医疗保障等方面提出了切实的优惠举措。以搭建创业孵化服务平台为抓手，建立了由大学科技园、科技企业孵化器、留学人员创业园、小微企业创业服务楼和各类协会商会组织等100余家机构组成的创业孵化服务体系。

3.3.1.7 创新人才评定评价机制

2011年起，开展教授级高级工程师职称评价试点，凡是试点区域内企业中从事工程技术研发的人才，工作成绩和专业水平达到一定条件，不受外语和计算机等条件限制，可直接申报。

3.3.2 高层次人才待遇

中关村人才特区是中央人才工作协调小组指导建设的第一个国家级人才特区，对全国具有示范作用。为支持人才特区建设，实行以下13项特殊政策。入选中央人才计划、"海聚工程"和"高聚工程"的中关村高层次人才，可享受相应待遇。13项特殊政策如表3-1所示。

表3-1　　　　　　　　北京中关村人才特区13项特殊政策

序号	政策名称	政策内容
1	重大项目布局	根据《国家中长期科学和技术发展规划纲要（2006—2020年）》和《中华人民共和国国民经济和社会发展第十二个五年规划纲要》，在人才特区布局和优先支持一批国家科技重大专项、重大科技基础设施、战略性新兴产业重大工程和项目
2	境外股权和返程投资	推动投资便利化，简化人才特区企业员工直接持有境外关联公司股权以及离岸公司在人才特区进行返程投资的有关审批手续，研究相关支持措施

续表

序号	政策名称	政策内容
3	结汇	进一步改进人才特区外商投资企业管理，简化外汇资本金结汇手续
4	科技经费使用	承担国家民口科技重大专项的高校、科研院所、企业等单位，可在项目（课题）直接费用扣除设备购置费和基本建设费后，按照一般不超过13%的比例列支间接经费
5	进口税收	人才特区内符合现行政策规定的企业与科研机构，在合理数量范围内进口境内不能生产或性能不能满足需要的科研、教学物品，免征进口关税和进口环节增值税、消费税。高层次留学人员和海外科技专家来华工作，进境携带合理数量的生活自用物品，按照引进海外高层次人才的现行政策执行
6	人才培养	支持人才特区内具有博士和硕士学位授予权的高校、科研机构，聘任其他企业或科研机构具备条件和水平的高层次人才担任研究生兼职导师，联合培养研究生。对人才特区内与企业、科研机构开展联合培养工作的招生单位，在招生计划方面予以适当的支持和倾斜。鼓励研究生到兼职导师所在的企业和科研机构实践、实习。支持人才特区内由高层次人才创办的或与高校、科研机构联办的企业及科研机构，在重点领域设置博士后科研工作站
7	兼职	人才特区内高校教师、科研院所研究人员可以创办企业或到企业兼职，开展科研项目转化的研究攻关，享受股权激励政策；在项目转化周期内，个人身份和职称保持不变。企业专业技术人员可以到高校兼职，从事专业教学或开展科研课题研究
8	居留和出入境	按照国家有关规定和程序，可为符合条件的外籍高层次人才及其随迁外籍配偶和未满18周岁未婚子女办理《外国人永久居留证》。对于尚未获得《外国人永久居留证》的高层次人才及其配偶和未满18周岁子女，需多次临时出入境的，为其办理2至5年有效期的外国人居留许可或多次往返签证
9	落户	具有中国国籍的高层次人才，可不受户籍所在地的限制，直接落户北京。对于愿意放弃外国国籍、申请加入或恢复中国国籍的高层次人才，由公安机关根据《中华人民共和国国籍法》的有关规定优先办理入籍手续
10	资助	为入选国家人才计划、"海聚工程"等高层次人才提供100万元人民币的一次性奖励。为高层次人才创办的企业优先提供融资担保、贷款贴息等支持政策。对承担国家科技重大专项和北京市重大科技成果产业化项目的高层次人才，由北京市政府科技重大专项及产业化项目统筹资金给予支持
11	医疗	人才特区的高层次人才享受医疗照顾人员待遇，由北京市卫生行政部门为其发放医疗证，到指定的医疗机构就医。所需医疗资金通过现行医疗保障制度解决，不足部分由用人单位按照有关规定予以解决

续表

序号	政策名称	政策内容
12.	住房	北京市采取建设"人才公寓"等措施,为高层次人才提供一万套定向租赁住房
13.	配偶安置	高层次人才配偶随迁并愿意在北京市就业的,由北京相关部门协调推荐就业岗位

资料来源:笔者根据公开资料整理。

3.3.3 引才渠道

中关村人才特区的奋斗目标是建设具有全球影响力的人才战略高地。为实现这一"特殊目标",中关村人才特区加大了对海外高层次人才的寻访和引进工作力度,积极吸引海外高层次人才到中关村创新创业。北京市人才工作领导小组办公室、中关村管委会积极拓展海外引才途径,初步形成了十条引才渠道。

一是通过实施中央高层次人才计划、北京市"海聚工程"、中关村"高聚人才"引进海外高层次人才。

二是大力开展"以才引才"。中关村充分发挥归国人才的引领作用和中关村企业、大学、科研院所的吸附效应,通过引进一个领军人才,再吸引若干顶尖专业人才,聚集一批高层次人才,形成团队创新创业的新局面。

三是发挥市场机制作用,通过天使投资、风险投资等各类创业投资机构、国内外知名的人力资源服务机构"选才""引才"。中关村通过开展"高聚工程"、支持天使投资发展等措施,形成了创业投资机构聚集的局面,吸引并支持创新创业人才入驻。

四是充分发挥中关村驻海外联络处的引才作用。中关村已建有驻硅谷、华盛顿、伦敦、多伦多和东京5个海外联络处,2011年又组建了驻德国慕尼黑人才联络处,2018年组建了驻以色列联络处。到2024年,中关村共在海外设立了19个联络处,增强了对海外高层次人才的吸引力。

五是支持、帮助中关村企业、高校、科研院所、金融机构等单位"按需引才"。启动了"2011年北京市引进海外高层次人才专项计划",2011年度北京市属高校、科研院所、企业、金融机构等单位提出 133 个工作类海外高层次人才岗位需求，303 个工作类海外专业技术人才岗位需求。同时，还将以中关村人才特区为重点，引进和聚集 100 名左右创业类海外高层次人才。

六是通过邀请、接待海外高层次人才到中关村参观考察的方式吸引人才。2011 年，中关村管委会共接待海外高层次人才考察中关村创新创业环境 1000 余人次。

七是加强中关村各人才载体的引才工作。中关村科学城、未来科技城、创业孵化服务体系都是中关村吸引海外高层次人才的重要载体，中关村管委会充分发挥各载体的作用，加强引才工作。中关村以搭建创业孵化服务平台为抓手，建立了由大学科技园、科技企业孵化器、留学人员创业园、小微企业创业服务楼和各类协会商会组织等 100 余家机构组成的创业孵化服务体系。

八是通过网站、视频在线互动等途径吸引人才。中关村管委会创建了"海外人才在线"网站，为示范区的大中型企事业单位、驻海外联络处与海外人才之间建立起便捷、高效的供需桥梁。

九是借助高校校友会、校庆、北京海外学人中心等平台吸引人才。

3.3.4 人才服务机构与平台建设

加强与驻海外使领馆的工作联系和信息沟通，发现和筛选一批优秀留学人员团队和项目。积极争取国家外国专家局教科文卫专家司的支持，建立中关村外国专家工作平台，吸引并推荐外国专家到中关村企业发挥作用。

目前中关村已在美国、加拿大、日本、英国等主要发达国家建立了 19 个海外联络处，面向海外人才开展宣传、联络与服务工作。[1] 各驻外联络处已与驻在国 20 家以上具有一定影响力的留学人员组织建立长期有效的合作关系，利用海外留学人员组织的网络，帮助中关村吸引海外高层次人才。承担着不断举荐优秀海外人才（团队）到中关村考察、落地并实现创新创业的任务。

---

① 张继红. 奋力打造北京国际科技创新中心主阵地 [J]. 前线杂志，2023（10）：56 – 59.

此外，建立定期沟通工作机制，针对风险投资机构重点关注的高层次人才，安排专人进行工作对接，集成落实各级各类政策措施，吸引高端人才落户中关村，并通过股权投资、资金投入等方式给予支持。鼓励天使投资等各类创业投资机构积极推荐优秀人才，收到良好效果。

3.3.5 工作成效

3.3.5.1 人才特区资源整合机制有效运转

初步形成了资源集中、信息共享、流程明确的高效运行管理机制。中关村企业可享受到包括工商注册、税务登记、法律咨询、财务顾问、商务中心、信息咨询、技术交流、国际合作等一站式打包服务，无须当事人分别到各个政府部门逐一办理。通过开辟"绿色通道"，留学人员持"快办单"注册企业的时间从两个月缩短到两个工作日。中关村国家自主创新示范区围绕服务人才发展，建立了高端人才引进的联合审批机制，开通领军人才专业技术资格评价绿色通道，对入选国家人才计划、"海聚工程"的海外高层次人才提供专员制服务，优化人才发展的制度环境。

3.3.5.2 吸引和聚集了大批海归人才，取得显著成效

中关村经过30多年的发展建设，已聚集了大量海内外高层次人才。中关村海归创业人才超过3万人，累计创办企业超过8000家，中关村是海归人才创办企业最多的地区。海归学子踊跃回国创业推动了国内在互联网IT、新型材料、智能制造、生物医药等领域的发展，海归已成为促进中国地方区域国际化及经济发展中的重要元素。[1]截至2021年，中关村海创园企业已累计获得知识产权20676项，科技成果转化项目累计2827项，仅2020年就有951项在研项目，当年企业研发总投入高达20.43亿元。

---

[1] 关帅. 在党建引领下，探索海归科技创新促进区域经济发展 [EB/OL]. （2023 – 05 – 30）. http：//finance. chinadevelopment. com. cn/rw/2023/05/1841207. shtml.

3.3.5.3　落实中央和北京市海外人才引进计划工作取得突破

2020 年底，北京人才总量达 781.3 万人，人才密度为 62%，工作者中研究生学历约 120 万人。高层次人才云集，到 2021 年底，北京有两院院士 800 余名，占全国的近一半，入选各类国家级人才项目者超过 3000 人、占全国近 1/4，北京是 180 多个建交国家大使馆的驻地。高等教育为北京提供了最为丰厚的人才家底，国际交往枢纽为北京提供了极其开放的国际平台。① 2019 年，中关村科学城推出"海英计划"升级版，旨在围绕高精尖产业领域，吸引全球有影响力的顶尖人才，着力加强院士专家工作站、企业博士后工作站"双站"建设，增强对青年科技人才的吸引力。截至 2023 年 11 月，进站及留站 100 余名博士后人才，覆盖人工智能、医药健康、新材料等高精尖产业领域。②

3.4　广州南沙—深圳前海—珠海横琴粤港澳人才合作示范区

深圳前海、珠海横琴，分别紧邻中国香港、中国澳门，广州南沙又处于珠三角的几何中心，三地正好构成珠三角地区的"金三角"。2012 年 5 月《南沙、前海、横琴三地友好合作协议》正式签署，拉开了三地合作的序幕。对于三大新区而言，三地都意识到处于大发展关键时期，急需把人才建设作为重要抓手。对此，三地达成共识，共同研究制定吸引服务业各类高层次人才的配套措施，引进港澳优秀专业和管理人才参与三地的开发管理，加强三地的信息交流和人才培训，积极探索粤港澳从业人员的资格互认等关键性人才政策的新突破。

---

① 支振锋. 高质量建设北京高水平人才高地 [EB/OL]. (2022 - 07 - 17). http://edu. people. com. cn/n1/2022/0717/c1006 - 32477232. html.
② 中关村科学城打造首都人才高地创新驱动与人才聚集在中关村"同频共振"[EB/OL].
(2023 - 12 - 01). https://kw. beijing. gov. cn/art/2023/12/1/art_1134_671336. html.

3.4.1　试验区目标与定位、政策

3.4.1.1　粤港澳人才合作示范区建设总体目标

合作区设立的总体目标是：聚合特定的人才群体、聚焦特色的产业集群、实行特殊的政策措施、构建特有的体制机制、营造特优的人才环境、探索特别的发展道路，把粤港澳人才合作示范区建设成为群英荟萃、文化多元、和谐包容、自由开放的国际人才港，生态优美、生活便利、设施先进、服务配套的优质生活圈，人才工作一体化与区域经济一体化同步推进、人才合作交流与区域协同创新互利共赢的合作先导区，人才发展政策和体制机制国际接轨、人才创造活力和创造成果竞相迸发的创新智慧谷，现代服务业高度发达、现代服务业人才高度集聚、人才发展引领产业转型的经济增长极。

粤港澳人才合作示范区将构筑人才发展的战略高地，重点实施"六大工程"，着力打造引领科学发展的高端化、国际化、专业化、产业化的人才队伍。同时，提出要搭建人才发展服务平台，打造人才合作平台、打造招才引智平台、打造智慧创新平台、打造创业服务平台。其中，建立"粤港澳人才合作联盟""粤港澳人才合作促进会""粤港澳人才合作专业协会"等引人关注。

3.4.1.2　三地人才政策

（1）广州南沙。为对接港澳的人才、资金、管理优势，广州南沙于2022年6月15日提出创建"粤港澳人才合作示范区"的五大任务。这五大任务包括，集聚粤港澳及海外服务新区产业发展的领军人才；搭建粤港澳及海外人才发展的服务平台；完善粤港澳及海外人才发展的体制机制；健全粤港澳及海外人才发展的政策法规体系和建设港澳及海外人才创业发展的"幸福港湾"。

在财税、创业扶持、往返便利等方面，南沙新区给予"粤港澳人才合作示范区"重点政策支持。在财税政策方面设立"粤港澳人才合作示范区建设专项资金"。高层次人才在南沙创业发展的，为其提供奖励和补贴。对高层次技术人才创办的企业，给予提供必要的融资担保、贷款贴息支持以及免租创业场所等优惠。

按照《广州南沙新区建设"粤港澳人才合作示范区"的行动计划》，2015 至 2020 年，南沙新区"粤港澳人才合作示范区"将重点启动实施科技新兴产业人才带动、创新创业人才市场金融产业支持、国际人才服务"幸福港湾"建设等八大工程。其中，国际人才服务"幸福港湾"建设工程尤为引人关注。这项工程的启动，意味着示范区内将逐步实施试验区个税补贴、港澳往来便利化、推行职业资格互认、试点股权税收激励、实行社保可携带等七大项政策。

南沙新区"粤港澳人才合作示范区"推行"一试三证"，考生通过一次鉴定考核可同时获得国家职业资格证书、中国香港、中国澳门官方资格证书及国际权威认证资格证书。同时，港澳地区的建设、医疗等服务机构和执业人员，持港澳地区许可（授权）机构颁发的证书，可在南沙新区"通用"。另一大利好是，经认定的高层次人才可以知识产权、科技成果、研发技能等人力资本作价出资、入股，最高可达企业注册资本的 80%，并实行商事登记制度改革。

示范区将简化港澳人员出入境手续，试行 144 小时便利免签证，并探索适度放宽在南沙区投资并工作的港澳及外籍人士 183 天的免税居留期限。

2019 年，《粤港澳大湾区发展规划纲要》颁布，提出打造"教育和人才高地"，涉及国际教育合作、高校合作、人才引进、国际人才使用、人才流动、人才激励与保障等方面，为实现建设世界一流湾区奠定教育和人才基础。[①]

2021 年，"大湾区国际人才驿站"正式在南沙挂牌启用，为高层次人才提供 26 项"一站式"横幅服务，设计 12 个部门 101 项服务事项整合到一个平台集中办理，使海外人才在大湾区工作更加便利。南沙初步形成"强有力政策扶持 + 多层次平台支撑 + 全方位服务保障"的可持续人才发展生态。[②]

① 陈文理，何玮. 粤港澳大湾区教育和人才合作机制研究 [J]. 江汉大学学报（社会科学版），2019，36（6）：30 - 44 + 119.

② 黄小彪，胡诗敏，刘玉华. 创新机制集聚海外人才 助推建设粤港澳大湾区高水平人才高地 [J]. 产业创新研究，2022（4）：9 - 11.

（2）深圳前海。深圳前海于 2019 年 12 月发布《关于以全要素服务加快前海人才集聚发展的若干措施》，根据国家批准的前海产业准入目录及优惠目录，对符合条件的企业减按 15% 的税率征收企业所得税；对在前海工作、符合前海规划产业发展需要的境外高端人才和紧缺人才，暂由市政府按照内地与境外个人所得税负差额给予补贴，补贴部分免征个人所得税。加强支持人才发展的税收政策研究，适时争取有关政策。支持前海国有及国有控股企业开展股权激励、分红权奖励、技术入股等中长期激励试点，建立完善充分体现人才价值的薪酬、分配制度和激励机制。

前海新区《前海深港现代服务业合作区总体发展规划》，要求建立健全有利于现代服务业人才集聚的机制，研究制定各类吸引高层次、高技能服务业人才的配套措施，加强深港两地的信息交流和人才培训，积极探索两地从业人员的资格互认，营造良好、便利的工作和生活环境，加大对教育和培训的投入力度，充分发挥高等学校、职业院校和相关科研机构的作用，加强生产性、生活性服务业相关学科专业建设，加快形成与前海现代服务业集聚发展相适应的技能人才和创新人才培养体系，为前海现代服务业合作区建设提供人才支撑。

（3）珠海横琴。横琴地区设立的人才发展的发展定位是：充分发挥横琴新区毗邻港澳的区位优势，推进与港澳紧密合作、融合发展，把横琴新区逐步建设成为带动珠三角、服务港澳、率先发展的粤港澳紧密合作示范区。在此基础上，明确了地区的愿景和发展目标。

愿景：到 2020 年，将珠海建成珠江口西岸人才创业兴业乐土、幸福之洲、集聚中心。人才发展的主要指标达到国内先进水平，人才优先战略全面落实，人才国际化基本实现，人才发展水平和人才竞争实力基本达到发达国家中上水平。具体指标如下。

短期目标：到 2015 年，初步建立符合国际惯例和国际标准的人才服务体系，高端服务业人才、新型社会管理人才、文化创意产业人才等人才总数达 5.4 万，人才投入不少于地方一般预算收入的 1%。

中期目标：到 2015 年，人才发展的体制机制创新取得重点突破，各项人才发展工程全面启动并取得初步成效，基本形成聚才引智的人才高地。人才总量达到 45 万人。主要劳动人口受过高等教育的比例达到 26%，每万名劳动力中研发人员达到 72 人年。高技能人才占技能劳动者的比例达到 30%。在海洋装备制造、生物医药、信息技术、新能源、新能源汽车、游艇、节能环保、新材料、商务会展、文化创意、休闲度假、特色旅游、商贸服务、现代物流、海洋科技、现代渔业等经济社会发展重点领域和重点产业、重点行业，初步形成优秀人才集聚中心。人力资本投资占国内生产总值比例达到 18%，人力资本对经济增长贡献率达到 35%。人才发展基本满足经济社会和产业发展要求。

长期目标：到 2020 年，人才发展的制度机制建设全面完成，人才生态环境竞争力形成，各项人才工作任务全面落实。人才总量达到 55 万人。主要劳动人口受过高等教育的比例达到 34%，每万名劳动力中研发人员达到 85 人年，高技能人才占技能劳动者的比例达到 33%。在海洋装备制造、生物医药、信息技术、新能源、新能源汽车、游艇、节能环保、新材料、商务会展、文化创意、休闲度假、特色旅游、商贸服务、现代物流、海洋科技、现代渔业等经济社会发展重点领域和重点产业、重点行业，形成人才发展比较优势。人才的产业布局、层次、类型等结构更加合理。①

在政策方面，珠海市通过《珠海市中长期人才发展规划纲要（2011 - 2020 年）》，实施横琴新区人才特区政策。为促进横琴带动珠三角、服务港澳、率先发展的粤港澳合作新模式示范区建设，充分发挥横琴在珠港澳三地人才、技术、市场和管理体制等方面的优势，在横琴新区实行人才特区政策。在人才开发管理、公共服务、发展环境等方面大胆创新，先行先试，构建具有国际竞争力和横琴特色的人才管理体制机制。根据横琴新区需要，实行特殊的薪酬政策。引进国际职业标准和认证体系，实行珠港澳专业技术人才和技能人才职业（执业）资格互认。采取面向珠港澳三地的人才合作培养和智力引进政策。建设与国际接轨的技术产权交易平台，加快推进人才与国际资本、技术、产权等要素市场的融合对接。促进国际化的现代人力资源及人才服务业发展，相互开放人力资源市场，打造资源与服务共享的"一站式"服

---

① 中共珠海市委、珠海市人民政府. 珠海市中长期人才发展规划纲要（2011 - 2020 年）.

务平台。对港澳人才，落实《国务院关于横琴开发有关政策的批复》中关于在横琴工作的港澳居民个人所得税补贴等相关政策，在其流动及社会保障（医疗、养老）等方面，享受与横琴居民同等待遇。对外籍人才的个人所得税、流动及社会保障（医疗、养老）等政策采取国际惯例做法。探索试行外籍人才居留签证及永久居留权制度。加强生活服务配套设施建设，为人才发展提供国际一流的工作和生活环境。

横琴新区通过《珠海经济特区横琴新区条例》，其中第四十五条对人才政策进行了论述：横琴新区应当创新人才管理服务机制，制定有利于人才引进的优惠政策，创新户籍管理制度，完善配套措施，创造有利于人才集聚的社会环境。

在政策指导下，横琴启动了高端人才聚集工程，根据横琴新区"一国两制"下粤港澳合作新模式示范区的定位，大力推进"横琴人才特区"建设。计划于2020年，实行引才与引智并重政策，引进200名横琴发展所急需的现代服务、高新技术、交通物流、信息数字、生态保护、节能循环、旅游休闲、文化创意、社会服务等高端专业人才，引进100名相关专业海外高端人才。聘请20名国内外及港澳资深专业人士，成立横琴事务顾问咨询团。成立横琴高级研修学院，培养具有国际化思维和市场开拓能力的高级新型管理人才。每年选拔派遣20~50名珠海本地人才定向到横琴相关部门或行业实习培养。开展留学生创业园、博士后科研工作站和创新实践基地建设。开展工业设计人员等职业能力评价认证体系试点。

3.4.2　试验区人才实践

3.4.2.1　深圳前海的人才实践[*]

（1）搭建前海高端金融业人才聚集发展平台。大力引进国内外金融机构设立国际性或全国性管理总部、业务运营总部，2012~2015年，累计达到50家以上，打造国际金融机构总部基地。利用国家支持设立各类有利于增强市

---

[*]　该部分内容参考《前海深港人才特区建设行动计划（2012－2015年）》。

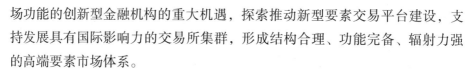

场功能的创新型金融机构的重大机遇，探索推动新型要素交易平台建设，支持发展具有国际影响力的交易所集群，形成结构合理、功能完备、辐射力强的高端要素市场体系。

（2）搭建前海高端信息服务业人才聚集发展平台。加快软件产业集聚发展，推动在前海建设信息服务产业示范基地，形成具有重要影响力的软件和信息服务业园区。推动移动云服务示范基地建设，自 2012 年到 2015 年集聚至少 15 家有一定规模的信息服务机构，探索建立技术进步、市场培育、产业链协同、标准规范制定、商业模式创新的信息服务产业发展新模式。大力发展电子商务，推进国际商务交易应用服务平台建设。加强与国际大型电子商务平台的对接，推动建设前海国际电子商务中心。

（3）搭建前海高端科技服务和其他专业服务业人才聚集发展平台。大力发展高技术服务，构建技术转移平台和创业投资平台，促进深港跨境技术转移和创新成果转化。推进文化创意产业平台建设，引进国际知名的智库、文化科技、新闻信息、创意设计、工业设计、数字出版等机构，集聚一批具有一定国际影响力的高水平文化创意人才和管理服务人才。继续扩大对境外专业服务业的开放，建设国际知名的法律、会计等专业服务业中心。至 2015 年底，集聚至少 30 家行业领先机构，形成文化、科技服务及专业服务业人才发展的有效载体。

（4）搭建前海境外高端人才和紧缺人才引进平台。依托中央"千人计划"、广东省创新科研团队和领军人才、深圳市海外高层次人才"孔雀计划"，围绕前海的金融、现代物流、信息服务、科技服务和其他专业服务四大产业领域的发展需求，研究制定前海境外高端人才和紧缺人才认定办法以及标准；与有关国际组织和行业协会加强合作，研究构建前海四大产业领域国际人才评价体系。充分利用中国国际高新技术成果交易会、中国国际人才交流大会等国际性、国家级招才引智平台和深圳驻海外人才联络机构以及有关外事资源，全方位、宽领域、多渠道引进国际优秀人才到前海创新创业。依托国际猎头机构，发挥智库效应，延揽国际现代服务业高端人才和紧缺人才，搭建政府、社会、市场三方良性互动的国际人才引进平台。2015 年底，为前海引进和集聚中央"千人计划"、广东省领军人才 30 名左右。

(5) 搭建前海人才发展的投融资服务平台。以深圳海外高层次人才创新创业引导基金子基金为引导，鼓励创业投资机构和产业投资基金在前海投资人才和产业项目。设立前海股权投资母基金，支持包括中国香港在内的外资股权投资基金在前海创新发展。培育和发展各类风险投资机构、信用担保机构、创业服务机构，吸引社会力量参与，利用社会资金设立前海人才发展基金或者风险投资基金，为企业发展和人才创新创业提供支撑。①

3.4.2.2 广州南沙的人才实践

中共深圳市委、市人民政府出台《前海深港人才特区建设行动计划(2012—2015年)》，备受关注的前海个税政策在此找到"依据"。该计划称，对在前海工作、符合前海规划产业发展需要的境外高端人才和紧缺人才，暂由市政府按照内地与境外个人所得税负差额给予补贴，补贴部分免征个人所得税。并提出建立深港跨境职业资格准入和互认机制。研究制定具体措施和管理办法，推进取得中国香港执业资格的专业人士，在前海范围内直接为企业和居民提供专业服务，在前海试行取得中国注册会计师资格的中国香港专业人士担任内地会计师事务所合伙人。按照先行先试的要求，分类推进具有中国香港执业资格的专业人才，在前海直接提供专业服务，逐步推进深港跨境专业资格互认。还提出推进实施人才安居工程，加大人才保障性住房建设力度，将前海地铁上盖物业整体升级为前海人才公寓，在前海都市综合体配备一定比例的高端公寓和商务公寓。

3.4.2.3 珠海横琴的人才实践

为促进横琴带动珠三角、服务港澳、率先发展的粤港澳合作新模式示范区建设，充分发挥横琴在珠港澳三地人才、技术、市场和管理体制等方面的优势，在横琴新区实行人才特区政策。在人才开发管理、公共服务、发展环境等方面大胆创新，先行先试，构建具有国际竞争力和横琴特色的人才管理体制机制。根据横琴新区需要，实行特殊的薪酬政策。引进国际职业标准和

---

① 深圳市人民政府. 前海深港人才特区建设行动计划（2012 – 2015）.

认证体系，实行珠港澳专业技术人才和技能人才职业（执业）资格互认。

采取面向珠港澳三地的人才合作培养和智力引进政策。建设与国际接轨的技术产权交易平台，加快推进人才与国际资本、技术、产权等要素市场的融合对接。促进国际化的现代人力资源及人才服务业发展，相互开放人力资源市场，打造资源与服务共享的"一站式"服务平台。对港澳人才，落实《国务院关于横琴开发有关政策的批复》中关于在横琴工作的港澳居民个人所得税补贴等相关政策，在其流动及社会保障（医疗、养老）等方面，享受与横琴居民同等待遇。对外籍人才的个人所得税、流动及社会保障（医疗、养老）等政策采取国际惯例做法。探索试行外籍人才居留签证及永久居留权制度。至 2018 年，横琴已获批全国自贸区首个博士后工作站，引进和培育院士两名。

3.5　小结：标杆区域政策借鉴与思考

3.5.1　完善"有法可依"的引智政策及"人才绿卡"制度

在我国，从国家法律层面来看，虽然我国已出台了《中华人民共和国外国人入境出境管理条例》《中华人民共和国国籍法》《中国公民因私事往来香港地区或者澳门地区的暂行管理办法》《中华人民共和国出境入境边防检查条例》《中国公民出国旅游管理办法》和《外国人在中国永久居留审批管理办法》，但这些法律法规侧重于出入境管理，对涉及技术移民和难民的居留问题立法尚有缺陷[①]。分析法律法规可以看出，在我国，首先缺乏国家层面的专项法律，更没有一部真正意义上的移民法，此外还缺乏关于吸引海外高层次人才的专项立法，这样的情况一方面会使得海外人才产生一定的疑虑，另一方面也会使用人单位无法可依，无法应对可能产生的一系列问题。我国的绿卡制度也存在着很大的不足。1985 年，全国人大常委会通过了《中华人

---

①　翁里，张晨田，唐卓然. 中国技术移民立法问题探讨［J］. 汕头大学学报（人文社会科学版），2013，29（3）：82－89＋97.

民共和国外国人入境出境管理条例》。该法把外国人在华居留分为"短期居留"、"长期居留"和"永久居留"三类。旅游、探亲和商务考察均属短期，1 至 5 年以留学、工作和投资等为居留目的的算长期。该条例规定的新的签证类别中还有一种"定居签证"，持该签证的外国人有权在中国永久居住。2003 年，《中共中央、国务院关于进一步加强人才工作的决定》规定："按照国际惯例和市场规则，抓紧制定投资移民法、技术移民法和海外高级人才聘用管理办法。"2004 年，加入世贸组织 3 年后，中国出台了《外国人在中国永久居留审批管理办法》，首次采用国际通行做法，实施永久居留证制度，也被人们称为"中国绿卡"。这一政策推出一年后，就有 649 名外国人获得"中国绿卡"，是之前 10 年的 12 倍还多。但此后，"中国绿卡"的实际发放量却没有爆发式增长。统计数据显示，自实行"中国绿卡"制度以来，"中国绿卡"年均发放量仅有 248 张，而这一时期入境的外国人多达 2700 万人次。[①]

3.5.2　加大财政资金投入力度，完善创业、科研基金

海外高层次人才来华后，大都希望应用自己的知识、技能、经验做出一番事业，但当他们热情高涨时却往往发现一个严重的问题——创业启动资金不足、申请困难。在申请资金时，程序繁杂、耗时耗力不说，结果还不一定能成功，这在一定程度上降低了他们的创业热情。

在一项囊括 1975 份有效问卷的调查中，超过 80% 受资助人认为科研启动基金对回国后开展科研活动影响较大。[②] 也就是说，科研基金的设立确实刺激了海外高端人才特别是科研人才的回归。

此外，借鉴吸收国内外的经验，建立财政补偿机制，对人才资本投资所产生的溢出性价值给予相应回报亦不失为一个值得推崇的方法。对国际化人才以原创性技术发明创业的，在规定时段内给予税收返还，免除税费，提供

[①]　中新网. 中国放宽"绿卡"门槛 专家称有助于技术移民引入 [EB/OL]. (2013 – 01 – 17). http：//www. chinanews. com/gn/2013/01 – 17/4497046_2. shtml.

[②]　留学回国人员科研启动基金 20 周年支持海归回国 [EB/OL]. (2011 – 01 – 13). https：//www. cscse. edu. cn/cscse/sy/xwdt/2011/01/13/102820426447/index. html.

融资扶持；对其实现集成创新并形成有竞争力的产品或产业的，政府给予税收减免；对其引进先进技术后再创新的，给予重奖。地方省级政府设立高等院校国际化人才专项资金，对引进国外高端人才的给予财政补贴；对获得科学发现或重大技术发明的人员，给予重奖。

3.5.3 成立专项海外高层次人才交流沟通组织

一方面，需要成立海外高层次人才引进工作的官方机构，指导人才工作，推动海外高层次人才引进政策的创新和落实；另一方面，也需要建立海外高层次人才沟通交流的民间组织，海外高层次人才长期在国外，对国内的工作环境、条件、政策不了解，为了解他们的想法和顾虑，需要建设沟通组织，通过各种渠道积极向海外人才介绍国内相关人才政策，鼓励海外高层次人才归国。通过组织，积极引进科技领军人物，发挥"羊群效应"，带动更多人才回国。

3.5.4 建设国际化团队、企业及实验室

一流的人才需要一流的工作场所，国际化的高端人才离不开国际化的创新团队、跨国企业和科研实验室。高层次人才工作需要从建设世界级高等院校和科研院所、吸引跨国公司（地区）总部和国际组织总部、举办国际会议等方面，积极为高端人才提供发展平台，以充分发挥其在科技创新活动中的积极作用。

3.5.5 改善科研体制

改革开放40多年以来，中国的科研体制有了很大的进步。人们通常以该国或该地区科研人员在同行评审科学期刊上发表文章的数量和质量来评判一个国家或地区的科研水平。无疑，近些年，中国在科学知识的生产数量方面取得了巨大的成绩，但数量的增长并不一定代表质量的增长。目前，许多海外归国人才在这样的科研体制下，为取得所谓的科研成果，只注重论文的数

量，忽视了科学研究为经济社会发展服务、为人类造福的真谛。因此，中国应对现有的科研体制做一个系统性的评估，总结经验和教训，加大力度改善现有科研体制，以真正建立一个适宜人才安心从事科研工作的体制环境。

3.5.6　建立健全知识产权保护制度

加强专利制度的建设，完善知识产权保护制度，积极促进外国人才在我国的专利申请。鼓励企业申请国内外专利、取得国内外专利授权、登记软件著作权、注册商标和争创驰名商标等活动；给予资金支持。通过专利制度的完善，创造有利于创新的人才发展环境。在专有知识、技术专利、科研成果（包括以合作和委托研究开发方式取得）等方面完善海外人才相关权益保障制度的建设；对于发明专利给予必要的资金补贴。

3.5.7　以人为本，注重和谐，优化人才居住环境

良好的居住环境是吸引和维系海外人才的一个重要因素。创造良好的人才居住环境，有助于海外人才更快地适应中国文化，融入中国社会，提升工作效率。

在居住方面，可以参考国际案例，建立海外高层次人才聚居区，打造高品质小型社区。重视优秀人才融入中国社会，以人为本，关注在华实际生活。建立专属居住小区和工作部门，组织系列小区活动和单位活动，开设文化讲堂，开设文化交流活动，可参考中国香港的措施，对新来人士服务需求较大的地区，由当区民政事务处推行，主要包括适应课程、家庭和妇女互助网络以及家访等。

在家庭安置方面，由政府主导，其他单位协助，积极解决海外归国人员和外籍人才及家人的各项问题，包括户籍的迁徙、工作的安置、子女教育、住房等方面。海外留学人员归国后其子女能否有良好的受教育的环境，已成为留学人员重点考虑的问题之一。为了更好地解决留学人员子女入学问题，教育部已做出了一些新的规定，指示各地教育行政部门应当在当地条件许可的情况下，本着"适当照顾，特事特办"的原则，尽可能地提供优惠和便利

条件，如入学学费平等、就近安排在较好的公办学校入学、对存在语言障碍的学生开设"双语班"、在升学考试时给予适当的加分照顾等。

社会保障服务方面，海外高层次人才及其配偶、子女，可根据本人意愿参加当地各项社会保险，缴费年限以实际缴纳各项社会保险费的年限为准。在参保缴费办法和在中国境内办理社会保险关系转移接续、享受各项社会保险待遇的办法方面，与当地市民拥有相同权利。

3.5.8 建设促交流、重需求的人才信息管理系统

加强信息交流平台的建设，按照先进的信息化管理模式。有计划、分步骤地建立完善的海外高层次人才信息管理系统。采用从局部到整体、从点到面的解决方案来实现人才信息化管理。具体的人才管理信息系统可以从以下四点出发。

建立"人才模型"，将海外人才引进情况、使用情况、本土人才培养和供给状况、人才流动状况以及外部因素影响进行全盘考虑和综合分析，通过"人才模型"明确人才引进需求。人才动态数据库包括海外优秀人才动态数据库、人才引进动态数据库和人才培养动态数据库。

积极发展融资、商务、教育和保健、技术检测、数据信息、专业评估、专业外包以及咨询等专业服务组织，通过发展现代服务业营造更好的创业创新环境，为吸引和开发利用科技创业人才创建环境基础。

建立海外人才需求预测、申报制度和需求信息发布制度，全面掌握用人单位的人才需求信息，根据产业发展、区域发展的实际需要和发展趋势，编制区域国际化人才开发目录，重点聚焦于高层次、紧缺人才。建立海外人才供需信息发布平台，通过报纸、网站等媒体向社会及时发布用人单位需求信息和海外人才求职信息。

政府建立企业人才需求信息发布平台，企业定期向网站提供需要发布的本企业基本海外高级人才需求信息，使得海外人才能够拥有统一平台，更加了解区域岗位需求，并能够结合自身的优势与长处做出选择，实现供应与需求的良好信息沟通。

第4章

海外高层次人才引进的新阶段和新模式
——团队式引进的必要性和可行性

在科研（研发）工作中，需要根据科技发展的一般规律，进行合理分工与配合，形成专业团队。纵观当前出国留学人才的海外分布状况，从南加州到曼彻斯特，从东京到法兰克福，已经出现了诸多留学生集群。2015～2019年清华和北大毕业生出国（境）深造首选国家（地区）均为美国，占出国（境）深造总人数的百分比均为70%左右。其次为英国，占出国（境）深造总人数的百分比分别为8%、9%左右。① 大规模的人才集聚形成了特有的科技创新氛围与网络，有效促进了创新潜能的发挥。相应的，这一群体在回流决策中，非常关注人才集聚与团队氛围问题。笔者曾带领课题组于2010年底完成的一项海外人才分布状况调查显示，海外科技人才始终非常关注回国发展的社会文化氛围及科技创新软环境等问题。在填答回国发展的主要顾虑时，29.3%选择了"社会环境"，27.2%选择了"人际关系"，15.4%选择了"文化氛围"。这一群体对于所在国人才吸引力的评价进一步证实了这一点，高达36.67%的海外科技人才选择了"社会文化氛围"，高居第二位。无疑，氛围形成于团队，而不是独闯式的人才个体。

团队式引进是海外人才引进的重要途径之一，早在2003年，《中共中央、国务院关于进一步加强人才工作的决定》就提出，要加大吸引留学和海外高层次人才工作力度，采取团队引进、核心人才带动引进、高新技术项目开发

---

① 清北毕业生都去了美国？5年数据分析来了！［EB/OL］.（2020－10－15）. https：//paper. sciencenet. cn/htmlnews/2020/10/446950. shtm.

引进等方式。尤其随着我国在全球人才大争夺中的主被动关系易位，以及中国在实现从"中国制造"向"中国创造"转换升级的过程中，团队式引进引起了越来越多的媒体报道、学界研究及社会公众讨论，也有一些省市开始了相关的探索实践。

4.1 海外高层次人才团队式引进的探索实践

4.1.1 政府主导的专项引进计划

团队式引进不仅面临着评估难、投入多、风险大等诸多困难，而且通常需要与地方性重点产业发展需求或重大紧迫性科研项目相结合，因此，政府主导是当前各地团队式引进的最主要形式。其中，广东省、江苏省、辽宁省、北京市、四川省，以及宁波市、深圳市、武汉市等有一定的代表性。

广东省：2023 年 11 月，广东省汕头市印发《汕头市引进高水平创新团队评审管理办法》，为深入实施人才强市战略，围绕国家、省、市重大人才战略目标引进和培育科技创新团队。对入选的全职引进创新团队和柔性引进创新团队，定额给予项目经费资助。全职引进的创新团队达到国内顶尖水平或国际先进水平，给予 1000 万元的项目经费资助；达到省内顶尖水平或国内先进水平，给予 500 万元的项目经费资助；达到省内先进水平，给予 200 万元的项目经费资助。柔性引进的创新团队达到国内顶尖水平或国际先进水平，给予 200 万元的项目经费资助；达到省内顶尖水平或国内先进水平，给予 130 万元的项目经费资助；达到省内先进水平，给予 80 万元的项目经费资助。

浙江省：浙江省于 2020 年 7 月发布《浙江省人民政府办公厅关于加快建设高水平新型研发机构的若干意见》。《意见》提出发展目标为瞄准世界科技前沿和浙江省"互联网＋"、生命健康、新材料等三大科技创新高地建设，紧扣传统产业升级和未来产业培育发展，省市县三级联动、梯度培育，打造既能解决基础研究的关键核心问题，又能为产业创新提供科技支撑的高水平创新载体。到 2022 年，建设新型研发机构 300 家、其中省级 100 家，引进一流创新人才和团队300名（个），集聚科研人员30000名，在重点领域取得一批重大原创性科研成果，攻克一批关键核心技术，转化一批重大科研成果，新型研发机构研发经费支出占科研机构总支出的比重超过40%。到2025年，建设新型研发机构500家、其中省级150家，引进一流创新人才和团队500名（个），集聚科研人员50000名，在十大标志性产业链和重点领域实现全覆盖，新型研发机构研发经费支出占科研机构总支出的比重超过60%，推动全省研发经费支出中基础研究的比重达到8%，培育国家重点实验室、技术创新中心等国家级创新载体20家以上，打造一批覆盖科技创新全周期、全链条、全过程的高水平创新平台，有力推动高水平创新型省份建设。

江苏省：江苏省于2018年发布了《"江苏省高层次创新创业人才引进计划"改革实施办法》，提出开辟绿色通道，对能够突破关键技术、发展高新产业、带动新兴学科的顶尖人才和团队，一事一议，特事特办，给予大力支持。积极探索优秀青年人才举荐制，组建人才举荐委员会，聘请科研、产业等领域的顶尖专家、企业家担任举荐委员，每人每年可举荐不超过两名优秀青年人才，经审核、公示，符合条件的直接列入资助范围。

辽宁省：2008年，辽宁省发布了《关于辽宁省实施"十百千高端人才引进工程"的意见》，明确提出要引进本省优先发展的先进装备制造、新材料、电子信息、石油化工、生物工程及制药等领域的重点项目、骨干企业急需的高层次研究开发专家、掌握关键技术的科技带头人及科研团队，并要求根据全省重点产业发展目录，由相关部门向省内高等院校、科研院所、重点企业和创业创新载体征求引才需求，编制引才目录。同时，于2008年专门发布了《辽宁省引进海外研发团队管理办法》，并制定了相应的实施办法，编制了《辽宁省海外人才引进需求目录》。

北京市：北京市实施了"海外人才集聚工程"，从2009年开始，用5至10年时间，在市级重点创新项目、重点学科和重点实验室、市属高等院校、科研院所、医院、国有企业和商业金融机构及中关村科技园区、北京经济技术开发区等高新技术产业开发区，聚集10个由战略科学家领衔的研发团队；聚集50个左右由科技领军人才领衔的高科技创业团队。2018年2月，《北京市引进人才管理办法（试行）》发布，指出围绕北京"四个中心"战略定位和城市总体规划布局，立足首都经济社会发展的多样化人才需求，坚持政治站位，坚持首善标准，以德为先，通过多种方式不拘一格地为本市行政区域内各类创新主体引进紧缺急需人才。《办法》第四条指出支持优秀创新创业团队引进人才。

四川省：2011年，四川省正式启动了顶尖团队支持计划，"百人计划"从个体引进向团队引进拓展。"十二五"期间，四川每年将遴选资助约5个海外高层次人才科技创业创新顶尖团队，给予每个入选团队500万元一次性资助。

深圳市：2009年11月，深圳清华大学研究院院长冯冠平专门向市委市政府领导递交了"深圳市人才储备的形势堪忧"的报告，率先提出了"引进院士不如引进创新团队"的观点，认为应当着眼城市产业发展远景，想办法着力引进创业团队。他向深圳市委市政府建议，在美国硅谷建立深圳市创新创业中心，把孵化合作平台的前沿阵地放在海外，主要任务就是联络、引进高科技的创业人才，并为这些人才回国创新创业提供前期支持与服务。2011年4月，深圳市委、市政府出台了《关于实施引进海外高层次人才"孔雀计划"的意见》，对引进的海外高层次人才团队，将给予最高8000万元的专项资助。2017年11月，深圳实施全国首个人才条例《深圳经济特区人才工作条例》，建成全国首个人才公园、人才研修院，将11月1日确定为深圳首个法定"人才日"等。

宁波市：宁波市提出实施全球高端创新创业团队引进计划（"3315计划"），"十二五"期间，准备在新材料、新能源、新装备、新一代信息技术等四大战略性新兴产业，节能环保、生命健康、海洋高技术、设计创意等四大新兴产业，石化、汽车及零部件、纺织服装、电工电器等四大传统优势产业（"4+4+4"产业），以及海洋经济产业和现代服务业3大领域，分特别支持（A类）、重点支持（B类）和优先支持（C类）3个层次，面向全球引进并支持一批由海内外创业创新领军人才领衔的掌握国际先进技术、能引领产业发展的高端创业创新团队。对引进的高端创新创业团队，每个团队给予最高为2000万元的科研经费资助。

武汉市：武汉市制定实施了"3551"引才计划，提出对引进的能引领示范区产业发展、带来重大经济和社会效益的世界一流团队，最高可给予 1 亿元的资金资助。

表 4-1 对具有代表性省市的人才引进重点政策文件进行了整理：

表 4-1　　　　　　　　代表性地区部分人才引进政策文件汇总

省市	主要政策名称
广东省	《关于加快吸引培养高层次人才的意见》
	《关于我省深化人才发展体制机制的实施意见》
江苏省	《关于加强高层次创业创新人才队伍建设的意见》
	《"江苏省高层次创新创业人才引进计划"改革实施办法》
辽宁省	《辽宁省实施"十百千高端人才引进工程"的意见》
	《辽宁省"兴辽英才计划"管理办法》
北京市	《北京市引进人才管理办法（试行）》
	《中关村国家自主创新示范区优化创业服务促进人才发展支持资金管理办法》
四川省	《四川省引进海外高层次人才"百人计划"实施办法》
	《中共四川省委 四川省人民政府关于深化人才发展体制机制改革 促进全面创新改革驱动型发展的实施意见》
浙江省宁波市	《关于实施海外高层次人才引进"3315 计划"的意见》
	《宁波市加快集聚顶尖人才实施办法（试行）》
广东省深圳市	《中共深圳市委 深圳市人民政府关于实施引进海外高层次人才"孔雀计划"的意见》
	《中共深圳市委 深圳市人民政府印发〈关于实施"鹏城英才计划"的意见〉的通知》
湖北省武汉市	《武汉市实施"黄鹤英才计划"的办法（试行）》
	《"3552 光谷人才计划"实施办法》

4.1.2　用人单位主导的市场化团队引进

早在 2003 年 12 月，复旦大学医学神经生物学国家重点实验室引进了 5

位来自美国匹兹堡大学的著名学者，加盟复旦大学国家重点实验室孙凤艳教授领衔的"脑损伤及保护研究"课题组。如今，复旦更加重视通过引进"大师"从而引进"团队"。

2006年，大连医科大学中德神经科学研究中心瞄准国际高端人才，以团队引进的方式，引进了包括世界著名神经科学家肖志诚教授在内的海外高层次人才团队。还引进国际著名专家到国内组建科研机构，开展一流的研发工作，是目前国际学术界所推崇的科技合作方式，但在我国高等教育界这种合作却为数不多，在医学教育界尚属首次。

2009年，宁波中兴精密技术有限公司用了9亿日元（合人民币6400多万元）成功收购日本企业马谷光学株式会社，并拥有了顶尖的光学科研团队。

2010年，沈阳远大集团的"风力发电关键系统"、沈阳鼓风机集团有限公司的"百万吨/年乙烯等工程用大型透平压缩机"、特变电工沈阳变压器集团有限公司的"±800kV特高压直流输变电设备研发"等3个项目，通过引进海外研发团队，成功开发了3项具有国际先进水平的新产品。

4.1.3 团队式引进海外人才的探索成绩

如前所述，近年来，广东、江苏、辽宁、四川、浙江宁波、湖北武汉等地借助国际金融危机的契机，进行了海外人才引进方式的一些创新尝试。中国台湾新竹、印度班加罗尔等地的实际经验也表明，在优先营造小环境的过程中，可以通过实施海外科技人才的团队式引进，或者确保留学回国人才能较为便利地组建人才团队，防止出现"淮南为橘、淮北为枳"的现象。由上可知，无论是政府主导的团队式引进专项规划，还是用人单位直接牵头的市场化团队引进，均已取得某些进展，并给予了我们一定的启示，主要包括以下几点。

4.1.3.1 充分认识到团队式引进的必要性

无疑，社会主义市场经济体系形成之后，是否应该实施政府主导的人才引进专项计划，长期以来备受关注和争议。我们必须清醒地认识到，政府指导在每个国家或地区人才集聚的形成和发展过程中都存在并发挥一定程度的作用，只是发挥作用的方式与介入深度不同，体现出各国及各地区政府执政的一贯传统和行事风格①。换言之，尽管西方发达国家由于市场体系的完备与成熟，主要借助市场配置的方式进行人才引进，政府通常无涉具体的引进方式，但是，政府并非无所作为，相反，政府主要是通过加大教育投资、引进国外人才、优化发展环境等途径发挥支持作用②，并通过有效的新机制防止同质、同层次人才重复集聚和过度集聚引起的人才边际收益递减，减少人才闲置和浪费，使人才充分发挥集聚正效应，达到人才资源、物质资源、管理水平及其他条件的相匹配③。因此，辽宁省委省政府发布的《关于辽宁省实施"十百千高端人才引进工程"的意见》、湖南省科学技术厅发布的《关于开展 2023 年度湖南省"三尖"创新人才工程项目申报的通知》等文件纷纷强调了团队引进的重要性。

4.1.3.2 充分重视市场配置的基础性地位

无论是政府主导的团队引进专项，还是各地用人单位自主牵头实施的海外人才团队引进工作，一个共同特征就是遵循市场经济规律，按照市场配置资源的基本要求办事，严格地讲，已经不存在纯粹计划经济模式下的单一计划式引进。这一特征集中体现在以下方面。首先，各地纷纷向社会发布了团队式引进的标准。比如，2012 年宁波市发布的《宁波市高端创业创新团队引进"3315 计划"实施意见》明确规定了创新团队和创业团队带头人的资质、团队规模等；广东省的科研创新团队计划围绕团队水平、研究方向和研究目标等进行了严格规定，并分别确定了可能的资助额度。其次，首先征求企业及其他用人单位的实际需求，甚至在征集用人需求的基础上，编制了引进目录。如辽宁省明确要求主要引进该省优先发展的先进装备制造、新材料、电子信息、石油化工、生物工程及制药等领域的重点项目、骨干企业急需的高

---

① 张榍榍. 国外人才集聚模式的类型分析 [J]. 改革与战略, 2010, 26 (7)：175 – 177.
② 宋美丽, 孙健. 国外人才集聚模式的经验及对我国的启示 [J]. 经济纵横, 2010 (2)：119 – 122.
③ 李光红, 等. 高层次人才集聚与管理机制创新 [J]. 理论学刊, 2006 (3)：37 – 39.

层次研究开发专家、掌握关键技术的科技带头人及科研团队，由相关用人单位初步确定团队人选之后填写《辽宁省引进海外研发团队项目申请表》，浙江省宁波市也发布了《宁波市重点发展产业导向目录》，作为海外人才团队引进的重要依据，四川等西部省份更是紧紧结合地方性五年规划，每年重点引进三到五个与地方产业发展密切相关的重点团队。

4.1.3.3 积极探索立项评审与绩效评估机制

团队引进不仅涉及研发领域及团队，而且直接关系到特定的产业发展研判等。长期以来，由于缺乏较为科学、合理的评审机制，各地往往对团队引进极为谨慎甚至采取了回避态度。国际金融危机以来，随着我国各地团队引进海外人才进度的加快，广东、江苏、四川等地已经开始积极探索团队引进所涉的立项评审与绩效评估机制。其中，广东省对于海外重大科研团队的评审机制最为完备，并针对评审过程中出现个别明显分歧的现象，直接到北京请求更高层次的专家评审。辽宁、四川、江苏等地则主要采取专家与行业主要领导相结合的评审方法，并通过动态跟踪和滚动式资助，及时了解项目进展，探索绩效评估的操作模式。

2008 年以来，广东共引进海外高层次人才 3.1 万人，引进国外创新团队 250 个，每年来粤工作的外国专家达 13.5 万人次，占全国总数的 22.6%，居全国首位，实现了突破式进展。事实上，早在广东省率先开展海外科研团队引进的探索时，李源潮同志就曾经高度评价广东整团队成建制引进的做法，并作出了"广东引进人才团队成效显著，他们的经验请（中组部）人才局总结推广"的重要批示。尽管如此，团队式引进作为海外人才引进的一种重要形式，始终未能在全国范围内大规模推广。究其根源，团队式引进面临着诸多瓶颈与障碍，使其更多地停留在理念层面，难以引起各地引智部门的切实重视。

4.1.4 海外高层次人才团队式引进中存在的问题

海外引进的高层次人才是我国现有人才队伍中最为特殊的群体之一，团队建设情况是影响这一群体与现有创新环境良性互动、提高贡献率的重要变量。

自 2012 年 2 月到 2012 年 6 月底，笔者对海外人才引进工作进行过相关的问卷调查工作，问卷主要在中科院上海及江苏地区各研究所、上海地区的"985"高校、大张江"一区八园"及北京科技大学、中国农业大学等地发放，历时 4 个多月，共计发放问卷 1600 份。调查发现，在海外人才团队引进与建设方面确实存在一些深层次问题，需要进一步探析背后的成因，并基于人才成长规律与配置规律的工作特点，探索今后海外引智工作转型的方向、方式和方法。从理论上讲，海外人才团队引进作为现有海外引智方式的重要补充与拓展，能够进一步提高人才配置效率，实现留学回国人才结构与产业结构的良性互动，促进更多的海外人才回流，本次调查的相关数据也显示了这一群体的政策需求，充分说明了加大海外人才团队引进的重要性与必要性。但是，纵观各地的引智工作，不难发现，在实际工作中存在很多瓶颈，阻碍了海外人才的团队式引进。

4.1.4.1　团队式引进的成本高、风险较大

就地方政府而言，以往计划式的引进方式尽管片面重视数量和规模，很难形成海归之间的合力，但能在短期内反映政绩、体现工作成效，现有工作机制在操作上比较顺畅。同时，现有引进以具体岗位为目标，而不是以特定研究方向、领域为目标，因此，对于团队合作问题的关注较少，只是片面强调领军人才的个体式引进。

相反，团队式引进通常需要借助财政专项资助，宁波、南京、深圳、大连等地均采取了这一形式，但现有的财政审计制度不利于专项资助的实施。同时，团队式引进工作的前提是：必须对地方产业发展的特定领域或急需解决的重大科研问题有较为清晰的梳理，对于团队引进的具体目标有非常明确的要求，对于团队引进流程有非常规范的操作方案，对于团队引进可能带来的风险、包括失败的责任等有非常稳妥的预案。无疑，很多地方政府不敢轻易涉足。

4.1.4.2　团队引进的评估机制尚未建立

由于团队引进还没有成为广泛采用的引进形式，团队引进标准并不明确，广东等地在遇到重大团队引进争议时，直接赴京请求中央部委支持，建立高

标准、高规格的专家小组，对相关团队引进予以评估，成效明显，但较难推广。由于评估机制的建立直接关系到风险防范和责任追究，在没有较为专业、科学的评估机制的背景下，地方政府通常既无动力、也无勇气。

4.1.4.3　地方政府过于追求人才引进规模和速度，不愿进行团队引进

正由于很多地方在吸引海外科技人才的过程中，沿袭了招商引资的方式方法，过于追求引进规模和速度，形成了个体式引进方式，甚至将"提前、超额完成任务"作为主要政绩，而忽略了引进人才的能力结构、专业结构、发展潜力、团队合作需求等，也忽视了不同层次人才之间的匹配、不同专业领域之间的关联性，使引进规模与引进质量脱钩，导致了日趋严重的"二次流动"，降低了人才配置效率。很多高校负责人在访谈过程中表示，海外高层次人才的引进数量（而不是重要团队）直接影响到高校排名，导致了不同高校及科研院所之间的攀比之风。简而言之，带有典型的招商引资的思维方式，将海外人才假定为高度同质的个体，而没有充分注意到个体性差异。

在与中科院上海分院、同济大学、上海张江等地留学回国人才座谈过程中，很多受访者都发出了类似的感慨，并形象地描述了"拉郎配"现象：将不同专业背景、相关度极低的一群科技人才集中在一起，不仅不能发挥人才集聚效应，而且可能造成不必要的负面效果。根据笔者的相关调查，当前，很多地方的留学回国人才呈现"不稳定"的环流状态，再归海现象逐渐显现，再次凸显了海外人才团队引进的重要性。①

4.2　海外高层次人才团队式引进的必要性分析

4.2.1　我国海外高层次人才引进工作面临瓶颈

首先，传统的柔性流动政策已经难以解决我国目前的高层次人才需求问

---

①　王辉耀，苗绿．中国留学发展报告（2016）[M]．北京：社会科学文献出版社，2016.

题。随着我国对海外人才的需求层次进一步提高，引智合作、兼职招聘、智力咨询、交换使用、人才租赁等方式对高层次人才群体的引进的吸引力相对不足。我国整体的科技发展水平不断提高，已经不再是早期的补课阶段，单纯的学习、模仿和补漏已经没有意义。我国各个领域已经形成了诸多研究领域和板块，科技发展的系统性、关联性得到进一步提升。我国的科技发展需要侧重在某些重大领域有自我的突破。

其次，我国当前的人才引进，受招商引资思维影响严重，片面注重规模和数量。传统的人才引进思维遵循着招商引资的套路，忽视了包括能力结构、专业结构等结构匹配问题，对发展潜力、团队合作需求未加充分考虑，更忽略了引进的这些人才之间的协作关系问题。以及他们与当地产业发展或科研领域之间的匹配问题，从而导致了引进方式单一、贡献率不高。

最后，引进的部分高层次人才，个人能力虽强，但没有一个与之服务配套的团队，难以收获预期的成果。由于单纯重视高层次人才引进过程，但未对引进后的团队建设等予以足够重视，导致部分引进人才因为工作氛围差异，缺乏团队支持等，放弃国内的工作岗位，再次回流到海外。

4.2.2 我国海外人才团队建设的需求

正因为我国的海外人才引进工作中有着上述政策上、思维上、方法上的瓶颈，制约着我国的"引智能力"，如何突破瓶颈迈入海外人才引进工作的新阶段，成为当前增强我国在全球人才竞争中的能力的重要问题。

本书将从团队建设需求的总体状况、团队建设需求的具体问题、团队建设的期望，共三方面分析我国海外人才团队建设的需求状况。

首先，我国当前的海外人才团队建设总体需求大，但团队建设水平不高。笔者针对中科院上海及江苏地区各研究所、上海地区的"985"高校、大张江"一区八园"及北京科技大学、中国农业大学等地的海归人才发放的关于海外人才团队建设的调查问卷显示（见图4-1）。第一，超过四成的受访者表示有着强烈的团队建设需求，在所有选项中位居第一位；第二，有近1/4的受访者表示已经形成了工作团队并拥有发言权；第三，不足三成受访者认为工作团队正在形成中；第四，明确表示没有团队建设需求者不足四个百分点。

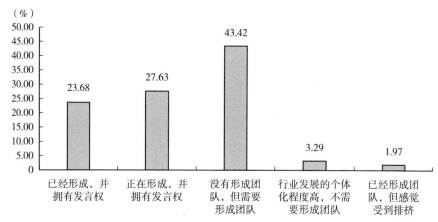

你认为自己在工作过程中是否已经形成团队？

图 4－1　团队形成状况统计

其次，问卷的调查统计表明，当前海外人才在工作时面临工作冲突问题极少，但在团队工作中的工作氛围问题有进一步改进需求。

有不足四成的被调查者表示从来不会发生工作冲突（见图 4－2），此外，选择经常或总是发生冲突的仅有不足 4 个百分点，而大部分被调查者表示工作冲突会很少发生。

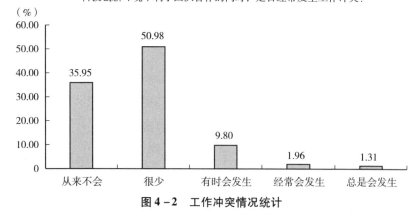

科技创新环境不利于团队合作的同时，是否经常发生工作冲突？

图 4－2　工作冲突情况统计

图4-3中的统计结果表明，仅有不足四成的被调查者表示目前的环境氛围是有利于团队合作的。说明团队建设水平有待提高。

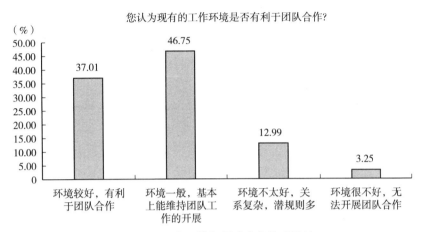

图4-3　工作环境与团队合作情况统计

最后，问卷调查的统计结果表明，几乎所有被调查者对于团队建设都有不同期望，仅有不足一个百分点的被调查者认为要以个人为主，完全不需要强调团队建设。并且，不同个体对于团队建设的具体期望并不趋同，具体统计数据如图4-4所示。

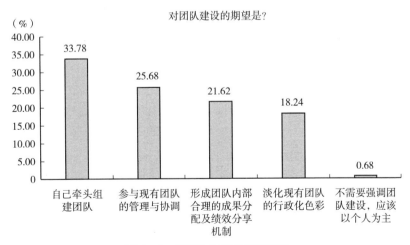

图4-4　对团队建设的期望统计

4.3 我国海外人才团队式引进的可行性分析

4.3.1 我国海外人才团队式引进的客观条件可行性分析

第一，中国经济发展速度快，经济结构处于转型期，对人才的需求层次换代，对高层次人才的需求量迅速增大，这为世界各国的大量高层次人才提供了平台和机会。据《2020年中国海归就业调查报告》相关调查，2020年着手回国就业并向国内岗位投递简历的留学生人数较2019年增加67.3%，中国正在逐步形成"出国深造—回国就业"的国际人才环流趋势。

第二，中国留学生群体庞大，海外华裔高科技人才众多，此外，海外华人在部分领域有极大影响力，形成了一定数量的工作团队，是我国海外人才引进目标的潜在对象。有分析指出"仅在美国的华裔高端人才就至少是中国大陆高端人才的11.5倍"。例如在举世闻名的美国"硅谷"，由华人控股的硅谷高科技企业大约占1/5。改革开放以来的40多年，大约有超过1070万华人移民或滞留海外，留学生是其中的重要组成部分。① 我国留学生在海外的地域分布比例如图4-5所示。

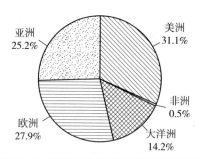

图4-5 我国在外留学人员的地域分布

---

① 联合国教科文组织《信使》. 海外华人：漫长的历史［EB/OL］.（2022-01-24）. https：//courier. unesco. org/zh/articles/haiwaihuarenmanzhangdelishi.

我国在外留学人员的地域分布主要集中在北美洲的美国、加拿大，欧洲的英国、法国、德国，亚洲的日本、新加坡，大洋洲的澳大利亚等发达国家，仅有不足1%的留学生在非洲。

教育部数据显示，2019年度我国出国留学人员总数为70.35万人，较上一年度增加4.14万人，增长6.25%；各类留学回国人员总数为58.03万人，较上一年度增加6.09万人，增长11.73%。1978年至2019年，各类出国留学人员累计达656.06万人，其中165.62万人正在国外进行相关阶段的学习或研究；490.44万人已完成学业，423.17万人在完成学业后选择回国发展，占已完成学业群体的86.28%。2020年留学回国发展人数首次超过出国留学人数，2021年留学回国人数超过100万人。至2021年，留学回国人员总数超过600万人。留学回国人数持续增加成为我国现代化建设的重要智力和知识资本。[①]

如今，越来越多的海归活跃在中国经济快速增长的各个领域。而《2018中国海归就业创业调查报告》得出，"方便与家人、朋友团聚"继续成为海归群体选择回国发展的首要原因，有67%的海归选择了这一选项；"国内经济发展形势好"以40%的比例位居第二。[②] 可见，中国作为全世界华人华侨的祖国，因为民族情结和同文同宗的感情，如此庞大的高端人才储备成为我国海外人才引进包括团队式引进的潜在对象。

4.3.2　高层次海外人才团队式引进的主观条件可行性分析

首先，我国针对专家、领军人才等的引进，积累了40多年的海外人才引进工作的基础经验，虽然在国家层面暂未形成海外人才团队式引进的完整政策机制，但是为我国海外人才团队式引进提供了扎实的经验基础。从1978年到2008年，30余年来，我国累积引进海外人才约550万人次。[③] 国家外国专

---

① 全球化智库（CCG）智联招聘. 2023 – 2024 中国留学生发展报告蓝皮书［R］. 2024.
② 全球化智库（CCG）智联招聘. 2018 中国海归就业创业调查报告［R］. 2018.
③ 董宏君. 聚四海英才 创时代伟业：改革开放 30 年海外人才引进工作综述［N］. 人民日报，2009 – 01 – 21.

家局数据显示，境外来中国大陆工作专家总量已由 2002 年的 35 万人次增加到 2015 年的 62.35 万人次，个别年份虽有波动，但总体趋势是在增长。从专家类型看，经济技术专家是境外专家的主体，2001~2015 年中国大陆共引进经济技术专家 513.30 万人次，占引进境外专家总量的 69.33%。尽管经济技术专家的数量随年度略有波动，但总体保持在 30 万~40 万人次/年。[①] 引进海外人才的行动，地域上不断拓展、领域不断拓宽、投入和规模不断扩大。

其次，进入 21 世纪，京沪粤等沿海开放地区的地方高校、企业，已经逐渐开始有引进创新团队的行为，并进一步对团队引进后的合作进行绩效评价。第 5 章将以广东省的案例来分析海外高层次人才引进的绩效评价。

---

① 周灵灵. 国际移民和人才的流动分布及竞争态势 [J]. 重庆理工大学学报（社会科学），2019，33（7）：1-15.

海外高层次人才团队 绩效影响因素及其评价

5.1 海外高层次人才的绩效评价体系

人才评价机制是基于组织战略目标，为了实现人才评价功能的内在运行系统，是我国人才开发战略的重要组成部分。该运行系统包括评价目的、评价周期、评价主体、评价客体、评价指标和内容、评价方法、评价程序、评价结果的运用等环节。

海外高层次人才是具有品德、知识、技能，从事科学技术或研究工作，具有较高的创造力，并对社会做出较大的贡献的人，是掌握知识或生产工艺技能并有较大社会贡献的人。研究和构建海外高层次人才的考核评价体系，具有重要意义。

第一，构建人才评价机制，是为了客观、真实、准确地反映不同评价对象的实际情况，增强评价活动的公开性与透明度，保证评价工作的独立性和公正性。

第二，构建高层次人才评价体系，有利于现有高层次人才资源普查和人才库建设；有利于人才的招聘、考核和甄选；有利于在人才建制中及时发现问题和解决问题，从国家层面建设好这支人才队伍。

第三，有利于应对我国加入 WTO 后在高层次人才培养、引入和使用上所面临的机遇和挑战。加入 WTO 给我国的经济发展和人才素质的提升带来了机遇，同时人才的国际争夺也开始加剧，人才争夺特别是高层次人才的争夺已进入了白热化状态，这使我国面临着严峻的挑战。

第四，为制定高层次人才的培养模式和发展战略做准备。通过构建出适应我国国情的高层次人才评价体系，对高层次人才状况进行了综合测评，为人才培养和发展提供理论依据，更具针对性地制定培养机制和发展战略。

5.1.1 国内外高层次创新科技人才评价机制的研究与实践

通过查阅文献和调研发现，目前，高层次人才评价的目的主要有以下几种：一是作为职称评定、职位晋升的依据；二是奖励和表彰；三是人才鉴别；四是成果鉴定。

其中，最主要的目的是职称评定和优秀成果申报与表彰。

5.1.1.1 高层次人才评价的主体（谁来评）

通过调研发现，近年来，我国高层次人才评价工作是由政府组织实施的，参与评价的主体比较多，上海、安徽和甘肃等地都普遍建立了外部专家库，引入外部业内专家参与评价。目前，还缺乏科技成果鉴定的中介组织，基本上还是政府统一组织，政府出面聘请外部专家，政府既是教练员，又是裁判。

目前的科技人才评价中，评价者一般包括评价工作的组织者、上级领导或其他部门领导、本单位该专业专家、外单位该专业专家等。

5.1.1.2 高层次人才评价的指标（评什么）

评价指标是文章中涉及最多，也是讨论最多的内容。因为高层次海外人才在一定程度上存在难界定的特点。在评价指标中定性的内容，学者就众说纷纭，定量的数据就更是千差万别。因此，在进行高层次人才综合测评指标体系的设计时，李光红、杨晨[1]提出了构建高层次人才评价指标体系：一是

---

[1] 李光红，杨晨. 高层次人才评价指标体系研究 [J]. 科技进步与对策，2007，24（4）：186 - 189.

要把指标的定性和定量相统一，要能对评价对象从定性和定量两个方面进行合理描述。二是指标要具有可操作性，高层次人才评价指标体系的建立应从我国国情和高层次人才现状出发，努力做到理论与实践相结合，尽量减少指标个数，使每个指标体系具有较高的使用价值和可操作性。三是动态性原则，对高层次人才的认识和评价是一个动态过程，随着相关因素的变化和发展，各个评价因子所发挥的作用会增强或减弱。

综合文献的论述，高层次海外人才心理素质构成归纳起来可分为以下五类。一是意识：创新意识、竞争意识，责任感、思维方式、好奇心和兴趣；二是知识：知识结构、专业知识，学习能力和求学欲望；三是能力：观察能力、判断能力、记忆能力、想象能力、模仿和探索能力、思维能力、组织协调能力，发现问题能力、解决问题能力、综合分析能力；四是品德：耐力和毅力、自信心，胆魄、求实态度和务实作风；五是绩效成果：科研成果、工作量、工作质量、特殊业绩等。

关于高层次人才的评价的另一个重要方面就是他们的科技成果或学术成果。科研成果评价方式作为评价内容的另一个方面，成为了学者们激烈争论的焦点。"目前具有的高层次人才评价标准不科学"[①]，文章提到美国国家科学基金会的研究指出，引文分析法（包括对 SCI 的使用）适合于评价科研机构或大量科学家的集体，而不适合用于评价研究人员个人。在我国的高层次人才评价中，则把 SCI 等文献计量指标作为重要的、甚至唯一的评价标准。致使一些人盲目追求论文数量，弄虚作假，滋长了浮躁的学风和急功近利的倾向，造成了科研目标的本末倒置。2003 年 5 月，科技部、教育部、中国科学院、中国工程院及国家自然科学基金委员会联合印发《关于改进科学技术评价工作的决定》，表示反对单纯以论文发表数量评价个人学术水平和贡献的做法，强调论文的被引用频次，并根据不同科学领域区别对待，避免绝对化。2018 年 2 月，中共中央办公厅、国务院办公厅发布《关于分类推进人才评价机制改革的指导意见》，改革现行评价机制，针对当前科研评价中存在的 SCI 论文相关指标片面、过度、扭曲使用等现象，建立以科技创新质量、

---

① 王松梅，成良斌. 我国科技人才评价中存在的问题及对策研究［J］. 科技与管理，2005，7（6）：129 - 131.

贡献、绩效为导向的分类评价体系，坚决清理和纠正包括以"唯 SCI"及以"唯论文"为突出表现的"四维"倾向。[①]

笔者在相关调查中发现，目前评价高层次人才的主要指标，还是业绩为主，业绩一般包括：专利申请与授权量、科技活动产出、企业技术创新成果。

从几家企业的调查看，企业科研机构的高层次人才评价主要看工作的实际效果（业绩）以及创新能力，重视人际沟通、团队协作能力，而不太重视学历、科研论文发表情况。

而高校和科研院所对高层次科技创新人才的评价则比较重视科研论文的数量、获奖情况、科研项目的级别、科研经费多少等。

5.1.1.3 高层次海外人才评价方法和模型（怎么评）

就高层次人才评价方法而言，相关研究和评价方法较少，以下两种方法比较有代表性。

（1）基于 AHP 层次分析法[②]的综合定量评价分析法。在文献中多数定量分析采用此法，主要特点是体系完整，通过构建不同层级的指标来细分人才素质，定量分析便于操作，具有一定信度和效度，其具体流程如图5 -1 所示。

该方法主要采用定量和定性相结合的方法，分析逻辑和整体结构都很完整，但笔者发现一个问题：在很多文章中这些方法所运用的各类数据（权重判别）的来源不是很清晰，如果是基于主观判定的话，其科学性和合理性就存在质疑。因此建立这样的模型最重要的是寻找到具有说服力的指标权重。

---

① 李军. 略论现行评价机制的历史作用及其危害 ［J］. 编辑学报, 2021, 33 （2）: 119 - 128, 146.

② 确定创新人才素质测评指标权重可通过层次分析法确定。层次分析法，简称 AHP 法，是由美国著名运筹学家萨蒂于 20 世纪 70 年代中期提出的。它为分析复杂的社会系统，对定性问题做定量分析提供了一种简洁实用的方案。将测评指标两两比较，根据萨蒂相对重要性等级表，按照规定的标度，进行定量分析，写成矩阵形式。

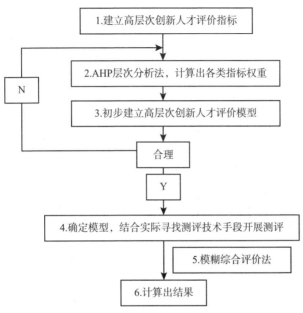

图 5 - 1 综合定量评价分析法流程

（2）"金牌优先"法则应用于科研人才评价①。"金牌优先"评价法是指以一段时期内科研人员最高水平的著作等成果作为代表，就像在奥运会中以最高级别的奖牌——金牌数作为排名的主要依据，其最大特点，就是在评价时以该时期内最高成就作为评价核心。这种方法，必然激励科研人员苦下功夫提高学术质量，努力出精品佳作、出重大成果，从而纠正长期以来的"重数量轻质量"的倾向，扭转当前急功近利、盲目浮躁的学术风气，抑制学术泡沫、学术垃圾的产生。

5.1.2 高层次海外人才评价机制存在的问题与难点

5.1.2.1 评价机制中存在的问题

（1）评价的目的经常事与愿违。评价的目的本来是为了改进科研管理，

---

① 邱均平，朱少强，刘永．"金牌优先"法则应用于科研人才评价的思考［J］.图书情报知识，2006（4）：101 - 104.

激励海外人才研究解决实际问题和进行学术创新，尽量出精品佳作、出重大成果，从而促进学术繁荣、科技进步，推动社会进步。但现实的情况可能不乐观，有的人才评价机制不是激励人们踏踏实实积累和研究学问、搞创新，而是将论文发表数量与经费挂钩，力图在 SCI 论文和科研经费排行榜上占有优势。笔者认为这是舍本逐末，本末倒置，不利于科研管理。

（2）评价的内容与标准不够科学、具体。在选择评价指标的时候重点需要评价的是科研人员的真正学术水平、从事研究工作的深度、开展研究创新的能力，这些信息才是科研管理中想要知道而又难以获取的；而非那些一眼就能看出的统计数字，如一年发表的文章数量、发表刊物的级别、出版专著数量、争取多少课题经费、课题级别等。单纯的统计数字最多只能说明科研人员的勤勉程度，并不必然代表其学术造诣和工作实绩。

此外，评价标准比较模糊，评价结果有时不够准确。现有的评价标准定性多、定量少，评价指标不够具体明确，在实际工作中难以避免个人主观因素的影响，导致评价工作自由裁量的空间较大。并且一定程度上存在重学历、重资历的现象，容易以学历代替实际水平，以资历代替领导能力，以数字代替工作成绩。对考察收集到的情况，表面性评价较多，深层次评价较少；主观评价较多，客观评价较少；静态评价较多，动态评价较少。

（3）评价方法与评价程序存在不合理现象。目前已有的同行评议法，科学计量法，经济分析法，综合评价法，人才测评法等方法都从定性和定量的角度作出了贡献，但是没有一种完美的方法可以适用于各种要求的人才评价。一是评价方案的设计及评价活动的实施都是凭借主体的个人经验进行的，不同的人对评价目标的理解不同，评价工具的使用及评价结果的解释，都难免带有个人的色彩，不可能形成完全的一致。二是评价对象的素质是抽象模糊的，其构成是极其繁杂的，且评价工具有一定的局限性，使人才处于一种测不准状态。"素质是隐蔽在个体身上的客观存在，是一种内在抽象的东西，是看不见摸不着也说不清的，但素质可以通过人的行为表现出来，我们不能对素质进行评价，但可以通过其表现的行为特征进行间接的推测和判断。"[①]

---

① 廖碧波. 创新型人才评价体系的设计［J］. 当代教育论坛，2006（9）：55－57.

因此建立一套高层次海外人才评价机制的研究方法和模型建立方法，对于满足不同测评的需要将是有建设性意义的。

在实际调研中我们发现，目前，高层次人才评价工作是由政府组织实施的，参与评价的主体比较多，上海、安徽和甘肃等地都普遍建立了外部专家库，引入外部业内专家参与评价。目前，还缺乏科学成果鉴定的中介组织，基本上还是政府统一组织，政府出面聘请外部专家，政府既是教练员，又是裁判。这一状况影响了该类人才评价的有效性。

（4）其他问题。从文献查阅和调研的情况看，目前，人才评价的主要问题有以下九点（按照重要程度）。第一，对科研能力的考核重视论文等具体科研成果，而轻视成果的市场转化情况；第二，人才评价手段及人才测评技术单一、落后，人才评价的科学水平较低；第三，过于强调学历、资历、职称，轻能力、业绩；第四，主管部门或领导意志干扰和影响大；第五，过程不公开，不透明，公正性不够；第六，过于重视官本位，评价标准在很大程度上以职位高低论英雄；第七，人才评价没有进行分类，一刀切，存在很多不公平和不科学的地方；第八，评价结果不能很好地用于人才激励，经常适得其反；第九，评价主体不清，经常出现外行评价内行的现象。

5.1.2.2　构建高层次海外人才评价机制的难点

（1）高层次海外人才评价如何坚持战略目标导向。高层次海外人才评价要坚持战略目标导向。人才评价是基于组织战略的，而不仅仅是为了提高效率和创造业绩。如果战略方向错了只会适得其反。因此在做人才评价之前必先思考战略问题，首先是国家层面的战略，其次是结合国家战略的城市战略，最后是基于前者的组织战略，只有在这个基础上才能明确组织需要什么样的人才、这些人才需要具备什么素质和能力、怎么来评价这些人才才能使他们为组织作出贡献。

从国家层面看，《中共中央、国务院关于进一步加强人才工作的决定》提出，在人才评价方面，要建立以能力和业绩为导向，科学、社会化的人才评价机制。强调要根据德才兼备的要求，坚持群众路线，注重实践检验，构建以业绩为依据，由品德、知识、能力等要素构成的各类人才评价指标体系。目的就是要评价好人才，使用好人才，激励他们发挥聪明才智为国家建设作贡献。

从组织层面来说，一方面，不同组织在不同时期，表现出来的战略是不同的，导致评价的内容和侧重点也是不同的，怎么去把握组织战略，这是一个很重要的问题；另一方面，从实际功能目的情况看，不同功能目的的评价导致的评价指标和内容也不同。具体来说主要有以下几个方面的功能目的：一是为选拔、引进、配置人才进行的评价，其主要目的是鉴别人才，评价他的综合实力，以及发展潜力。二是为诊断人才、评价绩效、人才开发而做出评价，其主要目的是评价人才现阶段工作业绩的表现、基本状况、对环境的适应程度，以及存在的工作问题和困难。

（2）如何保证评价程序的有效性和公正性。所谓人才评价主体的有效性是指：评价人才的主体必须由一个熟悉该类人才评价程序的专家团队组成，同时按照人才测评专家预先设计好的测评程序进行；此外，这个团队的组成专家必须对该人才所从事的研究领域有相对深入的了解，避免杂家评专家，外行评内行的现象，同时保证程序的科学性，这样才能确保测评主体所作出的判断是有效的。

所谓人才评价主体的公正性是指：测评主体要通过建立评委随机遴选制度、回避制度来避免与被评对象有直接利害关系的人员参加评审。防止行政因素、经济因素的介入，避免人才评价成为利益争夺的途径和手段。

因此基于以上两点原则，我们在选择评价主体的时候，首先应建立完善的制度，在人员组成方面尽可能邀请国外其他单位的专家组成评价团队作为评价主体，同时引入社会专业测评机构对评价过程进行组织和管理。这样既保证评价主体的有效性又体现了公正性，从而为评价所要达到的目的奠定了基础。目前国外比较先进的做法是建立网络评价平台，匿名评选，既保证了信息传递的快捷、方便，也体现了保密性与公正性。

（3）如何基于人才分类构建人才评价指标体系。《中共中央、国务院关于进一步加强人才工作的决定》提出："建立以能力和业绩为导向、科学的社会化的人才评价机制。"这为改革和完善高校人才评价机制指明了思路：以能力和业绩为导向，确立科学的人才评价标准，完善人才评价主体，创新人才评价手段。因此，在高层次、创新高层次人才评价的过程中要建立以能力和业绩为依据，由品德、知识、能力、业绩等要素构成的人才评价指标体系。完善人才评价标准，克服人才评价中的重学历、资历，轻能力、业绩的倾向，完善人才评价手段，努力提高人才评价的科学水平。同时坚持中央提出的"三个认可"。一是要群众认可，要坚持群众公认、注重业绩的原则。二是要社会与业内认可，对高层次、创新高层次人才的评价重在社会和业内认可，把社会和业内认可情况作为专业技术人才评价的重要衡量尺度。三是要市场认可，就高层次、创新高层次人才而言，重点在于把握从事不同科研类型的人才在"市场认可"这个评价上的反应程度。例如应用型科学技术研究的人才可以考虑在市场上的认可程度，基础理论型研究的人才就不能简单地用市场去衡量。注意分门别类地评价人才，既要把握共性特点，又要把握特殊性，即模块性和可变性。这是对高层次、创新高层次人才评价指标体系构建的基本要求。

（4）如何基于科研规律合理规划评价周期。高层次海外人才的业绩成果具有独特性。这种独特集中表现在成果周期的不确定性，以及成果价值的潜在性。因此，在考核性人才评价中，如果没有科学的周期设定，就会对被评者产生负面作用。太短的周期容易使被评价对象急功近利，不利于产生高价值的成果；太长的周期又容易使被评价者产生懈怠，不利于提高效率。因此如何科学合理地规划评价的周期是目前摆在高层次海外人才评价工作面前的一个难题。目前可以采用的方法主要有：一是按科研项目预定的周期进行考核，简称项目周期制；二是年限递增制，目前国外一些大学采用此周期评价教员，第一次评价周期为 1 年、第二次为 5 年、第三次为 10 年，最后为终身教授；三是定期制，每 2～3 年进行一次评价，但评价的内容和侧重点应偏向过程和任务，以及对任务价值的评价。

总之，不同类型、不同目的的评价周期是不一样的，应该根据人才研究类型、研究项目的特点，科学合理地制定评价周期。

5.1.3　高层次科技创新人才评价机制建立的思路与对策

5.1.3.1　进一步明确高层次科技创新人才评价的主要原则

做好高层次科技创新人才评价工作，要注意把握好以下主要原则。

一是坚持以科学的人才观为指导。

二是坚持德才兼备原则，把品德、知识、能力和业绩作为衡量人才的主要标准；不唯学历、不唯职称、不唯资历、不唯身份。

三是尊重人才成长规律，把人才的学识、业绩和贡献与其发展潜能相结合。

四是通过实践检验人才，注重业内认可；发展和规范人才评价中介组织，在政府宏观指导下，开展以岗位要求为基础、社会化的专业技术人才评价工作，加强专业中介评价机构的建设。

五是坚持尊重高层次人才的多样性、层次性和相对性，做好分类评价。

5.1.3.2 建立合理的考核与评价机制

（1）基于人才分类、创新投入产出效率等角度，科学建构高层次海外人才评价指标体系。根据中央人才工作会议的要求和本次人才规划战略专题的指导意见、综合文献的研究，经过专家的评议和审定，从工作分析、人员素质测评和绩效考核的角度出发，提出如下绩效评价指标，从不同维度评价高层次海外人才，如表5-1所示。

表5-1　　　　　　　高层次海外人才绩效评价指标

指标	二级指标	指标	二级指标
胜任能力	1. 创新能力	创新投入	1. 组织提供的科研设施等硬件条件
	2. 高尚的学术道德		2. 组织提供的人员配备
	3. 政治观点与价值观		3. 薪酬待遇
	4. 奉献精神		4. 组织提供的科研经费
	5. 团队意识		5. 创新时间的保障
	6. 工作态度		6. 创新制度保障
	7. 创新潜力		7. 组织提供的个人生活条件
任务指标	1. 工作任务的内容	创新产出	1. 科研成果或科研项目数
	2. 任务的难度		2. 创新任务完成的数量和质量
	3. 任务的时间要求		3. 获得的科研经费

续表

指标	二级指标	指标	二级指标
任务指标	4. 任务的成果要求	创新产出	4. 获得的科研奖励
	5. 任务的数量多少		5. 科研成果的经济价值和社会价值
			6. 科研经费的使用（研发投入）效率
			7. 很好地履行发展与培养下属的职责

资料来源：笔者整理。

国外的学术期刊大多采用匿名评审，学界对刊物的地位或权威性判断尽管有共识，但并没有什么"核心刊物"一说，很多一流大学对学者也从来不搞量化考查。美国的很多大学，评价教授的成就主要有三个方面，即研究成果、教学和在院系内做出的服务。换言之，在科学研究的领域，没有一个必然的量化标准。科研成果实行量化管理，尽管取消了学术权威，大家在数字面前人人平等。但是，过于讲究数量，其结果必然导致很多学者成了完成任务的拼搏者，而忽视了研究的质量，研究也就不会有真正的兴趣。

此外，把有项目，甚至有哪个等级的项目作为评审的硬条件，是极不合理的。要鼓励那些无项目、没有耗费公共资源却产出成果的学者。

（2）强化政府的引导作用，大胆引进社会中介力量的参与。评价主体不公正性主要表现在人才评价中行政因素和经济因素的介入阻碍了评价主体的客观公正性。"从评价标准和程序的制定到评审选拔工作的实施都有行政介入，助长了行政人员干涉高层次人才评价，即"外行领导内行"的风气。经济因素的介入导致了以争取资源的数量代替评价标准。"特别是科研管理部门官员的权钱交易，导致出现一大批占有大量科研资源，却从来不做科研的中介人，许多具有真才实学的高层次人才反而沦为打工者。"[①]

因此，"应扭转学术水平评价中'杂家'评'专家'或外行评内行的做法，充分发挥同行专家在识才和选才中的主体作用，逐步实现与国际学术评价接轨。在美国、加拿大大学教授的招聘和晋升程序中，同行专家的

---

①　王松梅，成良斌. 我国科技人才评价中存在的问题及对策研究［J］. 科技与管理，2005（6）：3.

推荐评价意见起着至关重要的作用。一般来说,负责人将相应教授岗位应聘者的个人简历和有关材料寄送给国内和国际相关专业领域的知名学者,请他们就应聘人的学术水平和贡献做出具体的评价。每位应聘者一般需由10位以上同行专家评议,只有每位专家都予以充分肯定,应聘人才有可能获得聘任。在大学教授的聘任过程中,同行专家的选择要从校内走向校外。"①

政府主管部门在高层次人才评价中的职责定位应该进一步明确为:政策的制定者和制度执行的监督者,多采取民间评价、同行评价,不以刊物定论文水平,对于高层次科技创新人才的评价,尤其要弱化政府的作用,大胆引进社会中介力量的参与。

(3)进行学科分类和人才分类,逐步实现人才分类评价。首先,适当区分不同学科的性质,使用有所不同的标准。其次,任何高层次人才出成果都有相对长的周期,应该放宽评价的时间尺度和数量标准。多数优秀的学术成果不可能在较短的时间内产生,三年时间尺度难以全面反映成果的真正水平。对高层次科技创新人才不要出现急功近利的状况,不要过于强调发表多少论文、也不要专门规定一定要产生多少重大的有影响的研究成果。在评价的尺度和标准方面可参考以下三点。

第一,对于高层次科技创新人才的评价应该制定相应的任务标准,而不应该仅以时间的限制、工作时间和完成的任务数量作为评价标准。

第二,根据所承担的任务以及其研究的规律,合理制定考核周期,给高层次人才更好的、自由的、宽松的学术环境,而不是过于期望他们在尽可能短的时间内完成任务。

第三,在没有更好的评价标准的情况下,还是要认真研究如何把量化的标准、程序等内容设计得更加合理和科学。

(4)完善评价流程和程序。图5-2显示了一套完整的高层次海外人才评价机制。它包括评价需求者、评价主体的构成、评价指标的选择、评价对象和评价结果的运用五个部分,其中评价周期仅限于考核、诊断性评价时考虑。

---

① 王松梅,成良斌. 我国科技人才评价中存在的问题及对策研究 [J]. 科技与管理,2005,7(6):129-131.

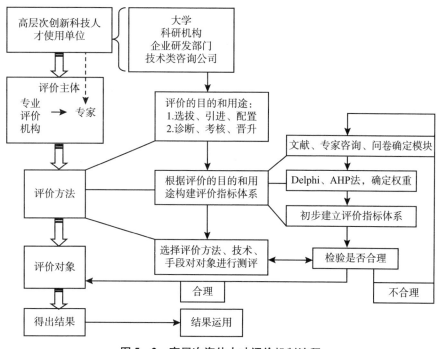

图5-2 高层次海外人才评价机制流程

5.2 典型案例：广东省海外高层次人才团队引进的绩效评价[*]

广东省委、省政府认真贯彻落实中央对人才工作的统一部署，颁发了《关于加快吸引培养高层次人才的意见》《广东省中长期人才发展规划纲要（2010—2020年）》等文件。此外，广东省委组织部、省科技厅、省人社厅等单位组织实施"珠江人才计划"，大力引进创新科研团队和领军人才。

2010年，《中共广州市委、广州市人民政府关于加快吸引培养高层次人才的意见》制定了一系列人才吸引政策。例如，加大海外高层次人才引进力度；加强人才和人才开发国际交流合作，积极引进海外人才和海外智力；扎

---

* 该部分内容参考：吴江. 广东省海外人才引进绩效评价实施研究报告[R]. 2012.

实推进国家海外高层次人才创新创业基地建设工作，鼓励和支持有条件的单位、机构和园区，抓紧建立 15～20 个市级人才基地；探索实行国际通行的科学研究和技术开发、创业机制，集聚一批高层次创新创业人才和团队；建立健全海外高层次人才信息库，编制高层次紧缺人才开发目录，定期向海内外发布需求信息，引导供需对接。

此外，广东省深入实施"121 人才梯队工程"。采取个人自荐、专家举荐、组织推荐等多种方式，将广州市高层次人才集聚体系中发展潜力巨大、业绩突出者择优选拔进入广州市"121 人才梯队工程"，对其进行个性化重点培养，采取跟踪服务和动态管理措施，争取用 5 年时间，培养出 10 名站在世界科技前沿的中国科学院、中国工程院院士后备人才（以下简称第一梯队），20 名具有国内领先水平的"新世纪百千万人才工程"国家级人选后备人才（以下简称第二梯队），100 名在学科专业领域起骨干带头作用的享受国务院政府特殊津贴的后备人才（以下简称第三梯队）。依据不同专业领域和培养目标，在培养期内，对第一、第二、第三梯队的每位后备人才，市财政每年度分别予以不超过 40 万元、30 万元和 20 万元的专项工作经费。

近年来，结合广东经济社会发展和产业转型升级的需要，省财政累计投入 17.73 亿元分三批引进共 57 个创新科研团队和 49 名领军人才，聚集高层次人才 1000 多名，走出了一条独具特色的团队引才聚才之路。根据《广州人才发展白皮书（2018）》，截至 2018 年底，在广州地区工作的诺贝尔奖获得者 6 人、"两院"院士 97 人，国家重大人才工程入选者 493 人。广州着力探索人才服务新机制，通过实施"人才绿卡"制度、搭建高端高品质人才服务平台等为各类人才提供优质的人才服务配套机制。

5.2.1　广东省高层次人才引进计划的绩效评价设计

随着广东省引才工作向纵深推进，为进一步提高引进创新科研团队和领军人才的科学性、针对性和实效性，广东省委托中国人事科学研究院对其引进的三批创新科研团队和领军人才进行第三方绩效评估。中国人事科学研究院会同国家六大重点领域著名专家（包括 10 名院士）组成 50 余人的评估组，对广东省引进的创新科研团队和领军人才（以下简称引进团队和领军人才）进行第三方评估。[①] 评估采取指标体系构建、信息采集表填报、问卷调查、访谈座谈、专家实地考察和引进人才自评等方式进行。

该绩效评估组按照《中共广东省委、广东省人民政府关于加快吸引培养高层次人才的意见》和实施"广东珠江人才计划"的目标，综合考虑影响高层次人才绩效的因素，包括人才自身、人才环境、人才政策等，结合公共政策评估、绩效评估、创业环境模型、人—环境匹配、预期理论、心理契约、360度评价、平衡计分卡等理论，最终决定从匹配性（现实绩效）、适应性（人才环境）和成长性（发展潜力）三个方面来评估引进高层次人才绩效。同时，从影响绩效的内外因角度，结合相关理论和广东实际，形成了该次评估的三级指标体系，如表5-2所示。

表5-2　　　　　　广东省引进创新科研团队和领军人才绩效评估体系

一级指标	二级指标	三级指标	指标细化
匹配性（现实绩效）	客观绩效	成果数量	发表论文数、出版专著数、承担项目数
		经济效益	销售额/利润额、带动相关产业产值
		成果质量	引进期间科研成果获奖情况、申请发明专利数、已授权专利数、参与或主持制定国际国内标准数、开发新产品数
		履约情况	科研总体进度匹配程度、合同执行的匹配程度
		社会影响力	个人、团队或项目影响力，获得社会荣誉等
		以才引才情况	培养人才数量、吸引高层次人才数量（包括团队内、团队外）
	主观感受	政策实施效果预期	对政策实施效果是否满意
		项目进展预期	项目进展是否顺利，是否存在困难
		业绩预期	业绩进展是否顺利，是否存在困难
		环境预期	社会环境、生活环境、创新环境等是否与预期匹配
		待遇预期	福利待遇是否与预期匹配
		组织保障预期	单位、团队保障是否与预期匹配
		团队领导者能力	学术水平、创新能力和综合素质

①　广东省科学技术厅. 广东省引进创新科研团队和领军人才项目公告［R］. 2011.

续表

一级指标	二级指标	三级指标	指标细化
适应性 （人才环境）	经济社会 环境	社会环境	居住条件、医疗服务、社会保障状况、子女入学、基础设施、现代服务业、社会包容度等
		经济环境	财税政策体系、投融资渠道、风险投资机制等
		创新环境	知识产权服务与保护、社会创新氛围、创新资源等
	人才政策 环境	人才引进政策	对广东省层面各项人才引进政策的了解度和满意度
		人才培养政策	对广东省层面各项人才培养政策的了解度和满意度
		人才服务政策	对广东省层面各项人才服务政策、人才项目评审政策、项目资金管理政策、人才待遇政策、人才队伍建设政策的了解度和满意度
	珠江人才 计划	政府投入	对珠江人才计划政府投入情况、到位情况、使用情况的了解度和满意度
		引才引智运行机制	对珠江人才计划引才引智运行机制的了解度和满意度
		服务保障	对珠江人才计划服务保障的了解度和满意度
		人才培养载体建设	对珠江人才计划人才培养载体建设的了解度和满意度
	组织、 团队环境	组织创新氛围	团队内部创新氛围
		团队结构	梯队、研究方向的一致性和互补性
		团队合作	团队合作的稳定性和紧密性
		压力感受	对工作压力的感受程度
成长性 （发展潜力）	学术、 技术的 领先性	项目研究水平	项目研究水平的先进性
		科研成果	科研成果先进性
	技术、 产业发展 前景	市场前景	项目研究成果的市场现状、前景
		与相关组织合作紧密程度	与企业、高校等利益相关组织合作的紧密程度
		对广东转型升级的贡献	对广东转型升级的贡献程度
		对广东产业发展的带动作用	对广东产业发展的贡献程度

续表

一级指标	二级指标	三级指标	指标细化
成长性（发展潜力）	与未来经济社会发展是否契合	对广东学科建设的带动作用	对广东学科建设的带动作用及程度
		对广东人才培养的带动作用	对广东人才培养的带动作用及程度
		对广东教育、科技体制创新的推进作用	对广东教育、科技体制创新的推进作用及程度
		其他社会效应	对广东其他方面的社会效应带动作用及程度

从 2012 年广东省引进创新科研团队和领军人才项目的评价结果来看，评估认为，广东省引进团队和领军人才层次高、能力强，具有较好的产业发展前景。

该案例中，对现实绩效的评估表明引进团队的各项绩效表现显著优于领军人才，进一步证明了我国海外人才团队式引进的必要性和可行性，如表 5 - 3 所示。本书将在 5.5 节中，结合该案例，对影响海外人才工作绩效的因素进行详细分析。

表 5 - 3　　　　引进团队和领军人才已实现科研成果总量和均值

成果名称	引进团队		领军人才	
	总量（个）	均值	总量（个）	均值
专利申请	1137	36.7	156	5
专利授权	233	7.5	40	1.3
标准制定	80	2.6	22	0.7
论文发表	814	26.3	447	14.4
SCI/EI 收录	631	20.4	354	11.4

5.2.1.1　海外高层次人才团队建设的标准

在该评估方案中，主要从三个方面来评价海外高层次人才的团队绩效，即匹配性、适应性和成长性。

第一，海外高层次人才团队与当地产业转型、科技创新方向的匹配性。主要关注第一、二批引进的 31 个创新科研团队和 31 名领军人才，与广东省和各市高层次人才引进目的的匹配情况。重点关注与产业转型升级的匹配，与企业创新活动的匹配以及与市场动态机制的匹配等方面。

第二，海外高层次人才团队对当地环境的适应性。主要关注广东省高层次人才引进工作本身，以及用人单位对引进人才的使用情况。重点关注人才的工作适应性、生活适应性以及团队适应性等方面。

第三，海外高层次人才团队可预见未来的成长性。主要关注引进团队和人才的技术成长和人才成长。技术成长关注技术的国际先进性和发展潜力，人才成长关注引进的人才和团队的发展以及引才聚才效益，重点关注对未来加快产业转型升级的引领作用。

5.2.1.2　海外高层次人才团队考核的标准

该项评估方案对第一、二批引进的 31 个创新科研团队和 31 名领军人才在项目进展、发明创造、专利论文、成果转化、以才引才、履行合同、经济社会效益、财政资金使用等方面，进行全方位、立体式、多角度评估。

根据上述的团队建设标准从三个方面对广东省海外高层次人才团队进行考核评估，即通过对现实绩效的考核来评估团队的匹配性，通过人才环境的评价来评估团队的适应性，通过发展潜力的评价来评估团队的成长性。

第一，对海外高层次人才团队的现实绩效考核（匹配性评价）主要包括以下五个方面：引进人员到岗率及履约情况，引进期间的科研成果（包括下述指标的预期实现和实际实现比率：专利申请、专利授权、标准制定、论文发表、SCI/EI 收录），科研立项与获奖情况，社会效益或经济效益贡献，对广东省产业转型升级的作用和贡献。

第二，对海外高层次人才团队的人才环境评估（适应性评价）主要包括以下多个方面：人才引进计划效果重要性和可能性评价，经费到位率和执行比例，对人才政策环境和人才计划的满意度与了解度，人才配套政策重要性与满意度评价差值，经济社会环境重要性与满意度评价差值，组织、团队环境重要性与满意度评价的差值，工作满意度、职业满意度、压力感知度，归国后实际工作感受与心理预期匹配情况，生活、创业环境满意度，家属支持程度。

第三，对海外高层次人才团队的发展潜力评估（成长性评价）主要包括核心成员增长率，以及技术/产业发展前景评价。二者分别反映了团队的人才成长水平和技术成长水平。

5.2.2 广东省海外高层次人才引进工作绩效评价结果

5.2.2.1 广东省海外高层次人才引进工作的成果

（1）引进团队和领军人才学术/技术水平高，产业发展潜力大。评估认为，广东省引进团队和领军人才层次高、能力强，具有较好的产业发展前景。

首先，引进团队和领军人才以高素质外籍华裔为主，具有较高学术/技术水平。引进团队和领军人才[①]中具有博士学位的有 56 人，占比 90.3%。53 人的博士学位在海外取得，其中在美国取得博士学位的人最多，有 29 人。引进团队和领军人才中有 48 人来自国外（境外），占比 77.4%，其中 38 人为华裔。美国籍人数最多，达到 29 人。有 48 人为中国本土出生，占比 77.4%，其中，出生在中国广东省的有 8 人，占比 12.9%。以外籍华裔，特别是美籍华裔作为广东引才工作重点引进对象，空间大、可行性强，契合广东高新技术产业的发展趋势，如表 5-4 所示。

---

① 特指引进创新科研团队带头人和领军人才本人，以下类同。

表5-4　　　　　　　引进团队和领军人才学位、国籍及出生地情况

学位/国籍/出生地	数量（人）	所占比例*（%）
博士学位	56	90.3
海外博士	53	85.5
美国博士	29	46.8
外籍人数	48	77.4
美籍人数	29	46.8
中国本土出生	48	77.4
外籍华裔	38	61.3

注：*是指占团队带头人及领军人才总数（62人）比例。

从层次看，引进团队和领军人才中有诺贝尔奖获得者3名，诺贝尔奖评委2名，欧盟最高科学奖"笛卡尔奖"获得者1名，美国国家工程院院士、美国科学院院士、瑞典皇家科学院院士等7人，中国科学院院士、中国工程院院士8名，有20人入选中央人才计划，整体来看具有较高学术/技术水平。

其次，引进团队和领军人才年龄跨度大，创新人才多。引进团队和领军人才呈现年龄跨度较大、平均年龄偏高的特点。年龄最大的83岁，最小的29岁，年龄均值55.8岁。其中，65岁及以上13人，占比21.3%；35岁及以下1人，占比1.6%。引进团队年龄均值51.6岁整体小于领军人才年龄均值60.0岁，差值达到8.4岁，如图5-3所示。

引进团队和领军人才中创新人才多，创业人才少。45个团队和领军人才由高校及科研院所引进，占比72.6%；17个团队和领军人才由企业引进，占比27.4%。

再次，引进团队和领军人才团队建设效果显著，广东本地科研人员培养增速较快。引进团队和领军人才开展工作后，在团队建设上取得了较大成绩。截至2019年4月，"珠江人才计划"自2009年开始正式实施，每年投入约

8.5 亿元，面向海内外引进国际一流水平的创新创业团队和领军人才。"广东特支计划"自 2014 年启动实施，每年投入 1.64 亿元，支持培养一批杰出人才、领军人才、青年拔尖人才。"扬帆计划"自 2012 年开始正式实施，每年投入 1.25 亿元，面向粤东西北地区实施人才发展帮扶。截至 2019 年 4 月，仅"扬帆计划"就评选出高层次人才 156 人，引进紧缺拔尖人才 100 人，"博士后扶持项目生活补助"165 人次，引进青年博士 183 人，培养高级技师 2334 人。①

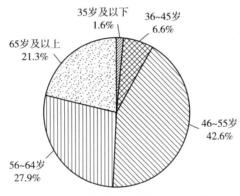

图 5 - 3　引进团队和领军人才年龄结构

核心成员由初创期的 403 人，增长到 571 人，增长率达到 41.7%。团队成员总量均值（51.8 人）明显高于领军人才（支撑团队）总量均值（22.1 人）。核心成员中的广东籍人数由初创期的 119 人，增长到目前的 191 人，增长率为 60.5%，增长速度高于核心成员数量增长。目前团队成员总量 2292 人，其中广东籍人数 751 人，占比 32.8%。六个专业技术领域中核心成员增长率最高的是新医药技术领域，由初创期的 102 人增长到目前的 158 人，增长率为 54.9%。增长率最低的是光机电一体化领域，核心人员仅增长了 1 人，由初创期的 60 人增长到目前的 61 人。不同领域之间核心成员增速差异显著，如图 5 - 4 所示。

---

① 《广东省人力资源和社会保障厅关于广东省十三届人大二次会议第 1581 号代表建议会办意见的函》。

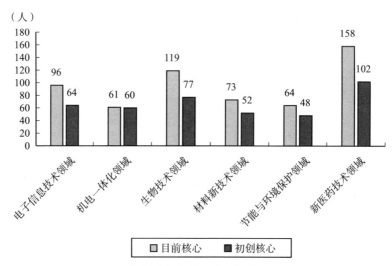

图5-4　各领域初创核心成员与核心成员数量

最后，引进团队和领军人才专业发展前景较好，成长空间广阔。引进团队和领军人才在粤有较好的发展空间。专家组对引进团队和领军人才"技术/产业发展前景"评价均值为31.3分（满分40分），各引进团队和各领军人才之间得分差异显著，最大差值为18分。专家组对各技术领域"在广东省的发展前景"评价均值为26.8分（满分30分），各领域得分差值不大，得分最高的是光机电一体化领域（28.7分），得分最低的是新医药技术领域（24.6分），如表5-5、图5-5所示。

表5-5　　　　　**引进团队和领军人才技术/产业发展前景比较**　　　　单位：分

项目	名称/姓名	得分	
引进团队	国际肿瘤基因组研究团队	最高	40
	第三代半导体Sic材料和器件研发及产业化创新科研团队	最低	22
领军人才	国某	最高	39
	J	最低	24

注："国某"和"J"为化名。

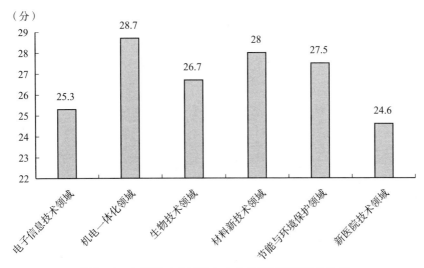

图5-5　专家组对各领域在广东省发展前景评价均值

（2）引进团队和领军人才现实绩效显著，有效推动广东经济技术产业转型升级。评估认为，引进团队和领军人才发展状况良好，符合广东省和各地市高层次人才引进目的。

一是引进团队和领军人才按时到岗率较高，履约情况较好。总体上看，引进团队和领军人才基本能按照合同约定执行和推进项目计划。在到岗时间上，14位境内人员中有12位按时全职到粤工作，按时到岗率85.7%；48位境外人员，每年累计在粤停留时间超过6个月的有34人，占比70.8%。平均在粤停留时间为7.1个月，超出合同要求1.1个月。境内人员到岗率略高于境外人员。如表5-6所示。

表5-6　　　　　　　　引进团队和领军人才履约情况

人员	总量（人）		所占比例（%）
境内人员按时到岗人数	12		85.7
境外人员按时到岗人数	总量（人）	均值（月）	所占比例（%）
	34	7.1	70.8

二是引进团队和领军人才科研成果丰硕，具有较高科研质量。引进团队和领军人才在引进期间专利预期申请总量 1063 个，已实现申请总量 1293 个，实现率 121.6%；预期授权专利总量 521 个，已实现授权专利总量 273 个，实现率为 52.4%；预期制定标准总量 102 个，已实现制定标准总量 102 个，实现率 100%；预期专著出版总量 43 册，已实现总量 72 册，实现率为 167.4%；预期论文发表总量 1610 篇，已实现总量 1261 篇，实现率为 78.3%；预期 SCI/EI 收录论文总量 778 篇，已实现总量 985 篇，实现率为 126.6%；在专利申请与授权、标准制定、论文发表、SCI/EI 收录论文方面，团队均值远远高于领军人才均值，如表 5 - 7 所示。

表 5 - 7　　　　　　　引进团队和领军人才的科研成果贡献统计

成果名称	团队		领军人才	
	总量	均值	总量	均值
专利申请（个）	1137	36.7	156	5.0
专利授权（个）	233	7.5	40	1.3
标准制定（个）	80	2.6	22	0.7
论文发表（篇）	814	26.3	447	14.4
SCI/EI 收录（篇）	631	20.4	354	11.4

三是引进团队和领军人才科研立项较多，获奖情况良好。引进团队和领军人才在引进期间申请中项目总量 371 项，已批复项目总量 2338 项，团队均值（66.7 项）显著高于领军人才均值（8.7 项）。其中国际合作项目 467 项，占比 17.2%；国家级项目 377 项，占比 13.9%，如图 5 - 6 所示。

引进团队和领军人才在引进期间共获得奖项总量 57 项，其中国际级奖项 7 项，占比 12.3%；国家级奖项 14 项，占比 24.6%，如图 5 - 7 所示。已批复的项目金额总量 234886.1 万元，其中团队批复金额均值 5940.9 万元，领军人才批复金额均值 1636.1 万元，团队批复金额均值显著高于领军人才均值。

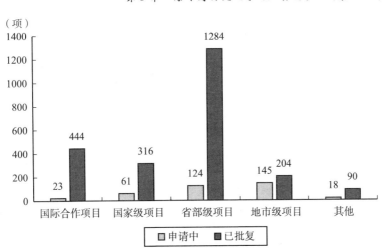

图 5 - 6　引进团队和领军人才科研项目数量统计

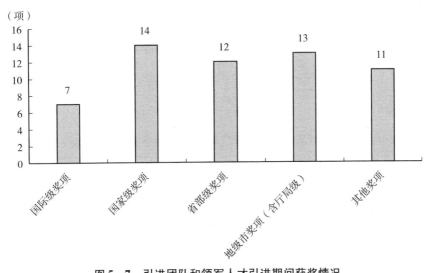

图 5 - 7　引进团队和领军人才引进期间获奖情况

四是引进团队和领军人才经济社会效益初显，跟未来经济社会发展契合性较高。专家组对引进团队和领军人才"对社会效益或经济效益贡献"的总体评价均值为8.4分（满分10分），其中新医药领域的均值得分最高（9分），光机电一体化技术领域最低（8分），如图5-8所示。

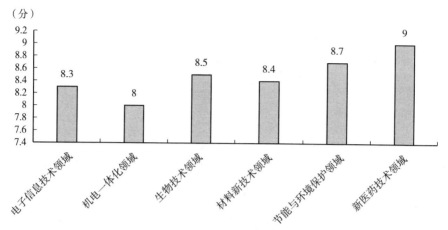

图5-8　专家对各领域引进团队和领军人才的评价均值

据不完全统计，第一、二批引进团队和领军人才来粤以后实现累计销售额67519.1万元，实现累计利润7211.5万元和累计净利润4925.0万元，带动相关产业产值294459.3万元①。创新人才（5832.4万元）和引进团队（9235.5万元）带动相关产业均值显著高于创业人才（1882.3万元）和领军人才（263.2万元），如表5-8、图5-9所示。

表5-8　　　　　　　　　引进团队和领军人才经济效益情况　　　　　　　单位：万元

类型	新增销售额		带动相关产业产值	
	总量	均值	总量	均值
创业	25040.3	1473.0	31999.3	1882.3
创新	42478.8	944.0	262460.0	5832.4
团队	32256.0	1040.5	286301.0	9235.5
领军	35263.1	1137.5	8158.3	263.2

---

① "累计销售额"有效数据涉及14个创新科研团队和7个领军人才；"累计利润"有效数据涉及11个创新科研团队和5个领军人才；"累计净利润"有效数据涉及11个创新科研团队和6个领军人才；"带动相关产业产值"有效数据涉及15个创新科研团队和4个领军人才，未填报均按0处理。

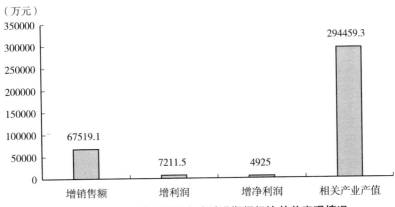

图 5 - 9 引进团队和领军人才引进期间经济效益实现情况

社会效益方面，引进期间实现人才培养总数 2559 人，团队均值（59.2人）远高于领军人才均值（23.3 人），其中博士 284 人，占比 11.1%；科研骨干 574 人，占比 20.6%。引进期间解决本地区就业人数 4502 人，创业型团队及领军人才均值（116 人）明显高于创新型团队及领军人才均值（56.8人），如图 5 - 10 所示。

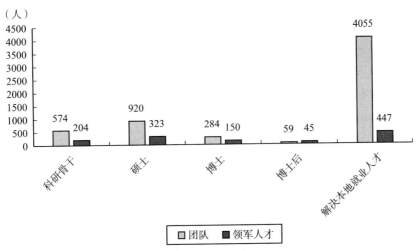

图 5 - 10 引进团队及领军人才引进期间社会效益实现情况

五是用人单位整体满意度较高，学术/技术领先性凸显。引进团队和领军人才在带动用人单位学科建设和科研创新水平提高上发挥了积极的推动作用，用人单位对其各方面能力比较认可，整体满意程度相对较高。评估表明，40.6%的管理人员对引进人才比较满意，33.7%的管理人员对引进人才非常满意。而在引进团队和领军人才的实际工作与单位预期的匹配评价中，其学术水平（均值4.06）、综合素质（均值4.05）和创新能力（均值3.95）为匹配评价最高的三项。同时，专家组对"学术/技术领先性"的评价均值为26分（满分30分），六个技术领域均值差值不大，得分最高的是新材料新技术领域（26.9分），最低的是生物技术领域（24.9分），如图5-11所示。

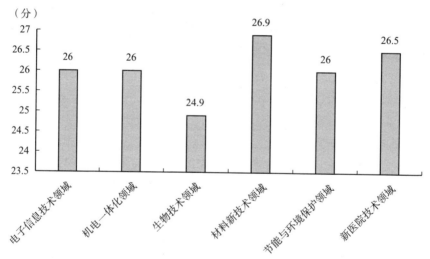

图5-11 各领域团队及领军人才学术/技术领先性评价

六是推动产业转型升级趋势明朗，人才投入效益可待。专家组对"各领域对广东省产业转型升级的作用和贡献"的评价均值为35.6分（满分40分），其中得分最高的是光机电一体化领域（37.3分），得分最低的是新能源、节能与环境保护技术领域（33.5分），如图5-12所示。

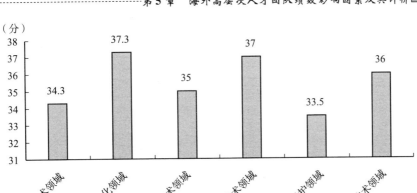

图 5 - 12　各领域团队及领军人才对产业转型升级的贡献评价

专家组对"各领域在广东省产生的人才投入效益"的评价均值为 26.6 分（满分 30 分），其中得分最高的是新医药技术领域（28.1 分），得分最低的是电子信息技术领域（23.7 分），如图 5 - 13 所示。

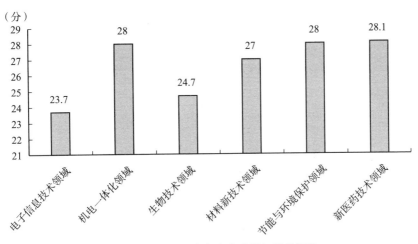

图 5 - 13　各领域广东省人才投入效益评价

（3）"珠江人才计划"引才工作扎实有效，人才环境建设稳步推进。评估发现，引进团队和领军人才工作开展顺利，社会各界给予积极肯定，人才工作和生活逐步步入正轨。

在社会效应方面，"珠江人才计划"引才工作深入人心，社会各界反响积极。90.7%的引进人才、82.7%的国内同事、92.5%的用人单位管理人员认为实施"珠江人才计划"有必要或非常有必要。他们一致认为"珠江人才计划"对"引进一批国内急需的高层次人才""培养人才"两个方面具有重要的作用，而且其可能性较大，如表5-9所示。

表5-9 社会各界对"珠江人才计划"效果重要性和可能性的评价

类型	创新人才		创业人才		国内同事		用人单位	
	重要性	可能性	重要性	可能性	重要性	可能性	重要性	可能性
引进一批国内急需的高层次人才	4.74	4.52	4.77	4.50	4.37	4.00	4.49	4.24
研发出重大科技成果	4.68	4.35	4.63	4.36	4.34	3.85	4.38	4.12
填补国内科研空白	4.62	4.53	4.60	4.37	4.30	3.88	4.31	4.11
推进国内教育、科技体制创新	4.56	4.22	4.48	4.14	4.27	3.77	4.24	4.00
加强国内外科技、产业交流	4.59	4.48	4.49	4.37	4.28	3.98	4.40	4.26
扩大就业	4.20	4.05	4.29	4.11	4.10	3.75	3.92	3.79
带动产业转型升级	4.53	4.27	4.69	4.42	4.25	3.84	4.29	4.08
培养人才	4.71	4.64	4.68	4.44	4.40	4.10	4.43	4.29

5.2.2.2 广东省海外高层次人才引进中存在的问题

（1）引进团队和领军人才经费到位情况较好，但经费执行比例差异较大。引进团队和领军人才的省财政拨付专项工作经费到位率较高，分别为104%和97.3%；用人单位配套工作经费到位率相对较低，分别为42%和81.8%，如表5-10所示。经费使用中设备费执行比例最高，引进团队和领军人才执行比例分别为50%和77.1%。

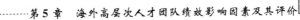

表5-10   引进团队和领军人才工作经费到位率情况

类型	省财政拨付的专项工作经费			用人单位配套工作经费		
	计划到位（万元）	实际到位（万元）	到位率（%）	计划到位（万元）	实际到位（万元）	到位率（%）
引进团队	81000	84300	104	132775	55633	42
领军人才	15000	14600	97.3	33610	27493	81.8

　　引进团队和领军人才经费执行比例差值较大。第一批引进团队执行比例最高为77%，最低为24.4%；第二批引进团队执行比例最高为49.5%，最低为2.2%。第一批领军人才执行比例最高为101.6%，最低为15.2%；第二批领军人才执行比例最高为106.6%，最低为4.9%，如表5-11所示。

表5-11   第一、第二批引进团队和领军人才经费执行比例情况   单位：%

批次	类型	团队/人才名称	所占比例	程度
第一批	引进团队	纳米力学与骨关节纳米工程创新团队	77	最高
		基因沉默技术与治疗研发团队	24.4	最低
	领军人才	陈某	101.6	最高
		黄某	15.2	最低
第二批	引进团队	靶向特异性抗癌新药和疫苗研发创新团队	49.5	最高
		机器人与智能信息技术创新科研团队	2.2	最低
	领军人才	孙某	106.6	最高
		伍某	4.9	最低

　　（2）引进团队和领军人才对人才政策环境和"珠江人才计划"各项政策满意度相对较高，但了解度相对较低。创新人才和创业人才在对人才政策环境和"珠江人才计划"的满意度评价中，满意度最高的均为"人才引进政策"和"政府投入"，较低的分别是"项目资金管理政策"和"引才引智运行机制"，如图5-14所示。

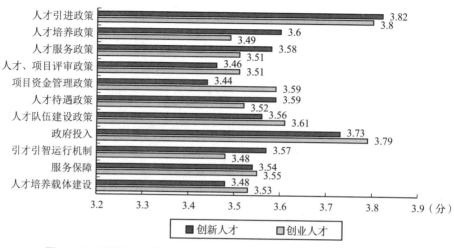

图 5 - 14 引进人才对人才政策环境和"珠江人才计划"的满意度评价

与满意度相比，引进团队和领军人才对人才政策环境和"珠江人才计划"的了解程度相对较低。创新人才和创业人才了解程度最高的分别是"人才待遇政策"和"政府投入"，较低的分别是"人才培养载体建设"和"人才培养政策"，如图 5 - 15 所示。

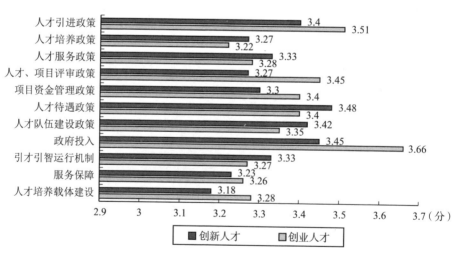

图 5 - 15 引进人才对人才政策环境和"珠江人才计划"的了解度评价

（3）引进团队和领军人才对部分人才配套政策重要性满意度差值较大，

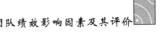

税收优惠和知识产权保护问题亟待解决。

社会各界关注配套政策的角度各有异同。对于人才配套政策的重要程度，创新人才、创业人才总体判断基本一致，都认为"知识产权保护程度"和"资助科研项目力度"是两个最重要的方面，对于创新人才，"创业启动资金支持"的重要性评价较低。而对于创业人才，"法律法规执行力度"的重要性评价较低。满意程度指标与重要性比较相似，引进人才对"资助科研项目力度"和"知识产权保护程度"相对较满意，对"社会中介服务机构活跃程度"最不满意。但是，满意度得分均低于重要性得分。

对比重要性满意度差值，创新人才差值最大的三项是"资助科研项目力度""知识产权保护程度""创业启动资金支持"，而创业人才差值最大的三项是"税收政策优惠程度""知识产权保护程度""法律法规执行力度"。不同类型人才的差值表现略有不同，但差值最大的三项多集中在"税收政策优惠程度""知识产权保护程度""资助科研项目力度"，如表5－12所示。

表5－12　　　　　　　　国家引进人才对人才配套政策分析

创新人才	创业人才	国内同事	用人单位	创新团队	领军人才
资助科研项目力度（0.82）	税收政策优惠程度（0.76）	知识产权保护程度（0.68）	税收政策优惠程度、创业启动资金支持（0.59）	知识产权保护程度（0.75）	税收政策优惠程度、知识产权保护程度（0.90）
知识产权保护程度（0.80）	知识产权保护程度（0.70）	资助科研项目力度（0.65）	资助科研项目力度（0.58）	税收政策优惠程度（0.74）	创业启动资金支持（0.83）
创业启动资金支持（0.76）	法律法规执行力度（0.45）	创业启动资金支持（0.64）	知识产权保护程度（0.56）	资助科研项目力度（0.65）	资助科研项目力度（0.78）

（4）引进人才对经济社会环境重要性评价较高，满意度评价相对较低。创新人才和创业人才对经济社会环境重要性评价得分较高，最高的是"基础设施要素"，较低的是"政府政策环境要素"，如图5－16所示。

与重要性评价相比，创新人才和创业人才对经济社会环境满意度评分相对较低，评分较高的是"基础设施要素"和"经济市场要素"，评分较低的是"政府政策环境要素"和"社会人文环境要素"，如图5－17所示。

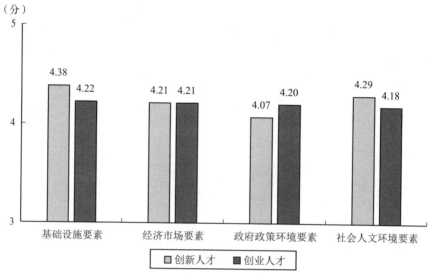

图 5-16　引进人才对经济社会环境重要性的评价

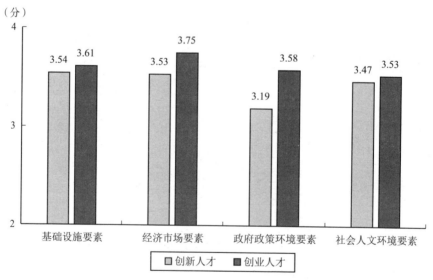

图 5-17　引进人才对经济社会环境满意度的评价

（5）引进人才对组织、团队环境重要性评价较高，但满意度评价相对较低。创新人才和创业人才对组织、团队环境重要性评价中得分最高的均为

"创造力的促进或激励因素"，较低的均为"与其他科研团队交流学习机会"，如图 5 – 18 所示。

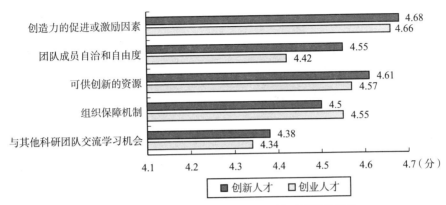

图 5 – 18　引进人才对组织、团队环境重要性的评价

与重要性评价相比，创新人才和创业人才对组织、团队环境满意度评价相对较低，得分最高的分别是"团队成员自治和自由度"和"创造力的促进或激励因素"，最低的均为"与其他科研团队交流学习机会"，如图 5 – 19 所示。

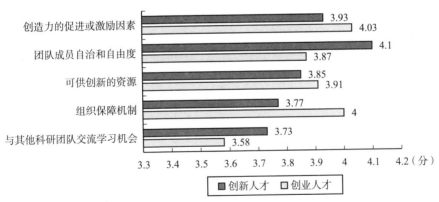

图 5 – 19　引进人才对组织、团队环境满意度的评价

此外，引进人才对团队认同感和凝聚力评价较好，且团队凝聚力评价高于团队认同感。创新人才的团队凝聚力高于创业人才，但创业人才的团队认同感高于创新人才，如图 5 – 20 所示。

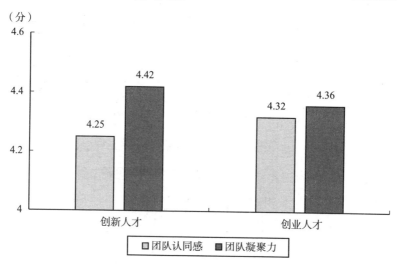

图 5 - 20　引进人才对团队认同感和团队凝聚力的评价

（6）引进人才对工作满意度和职业满意度的评价较高，压力感知程度低。引进人才的职业满意度和工作满意度较高。创新人才和创业人才的职业满意度均高于工作满意度，且创新人才的职业满意度和工作满意度均略高于创业人才，如图 5 - 21 所示。

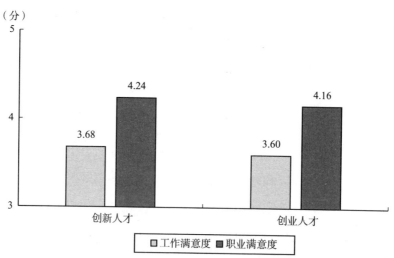

图 5 - 21　引进人才对工作满意度和职业满意度的评价

引进人才的压力感知程度均较低，创新人才的压力感知程度略低于创业人才，如图 5-22 所示。

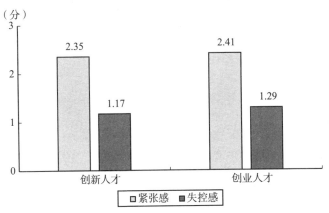

图 5-22　引进人才对压力感知的评价

（7）引进人才对归国后实际工作感受与心理预期的匹配情况较好，但工作环境仍存在不便。创新人才和创业人才对归国后实际工作感受与心理预期的匹配情况整体较好，得分最高的是"业绩预期"和"项目进展预期"，最低的是"政策实施效果预期"和"组织保障预期"，如图 5-23 所示。

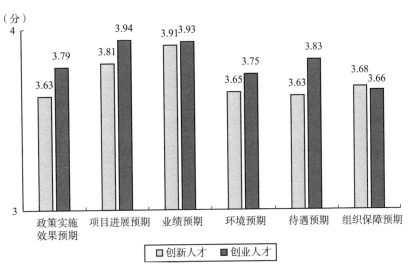

图 5-23　引进人才对实际工作感受与心理预期匹配评价

引进人才反映所在单位科研环境中存在"项目的资助强度和时间期限不够""科研项目申报手续复杂""科研项目审批不透明，存在拉关系，走后门现象""科研经费使用制度不合理""人际关系太复杂"等问题，如图 5－24、图 5－25 所示。

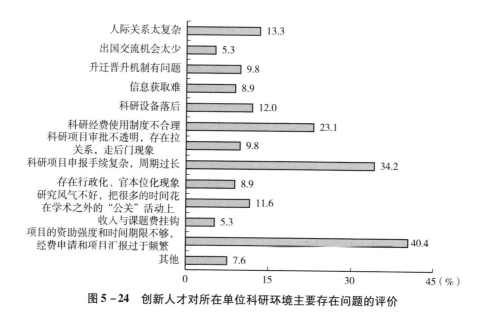

图 5－24　创新人才对所在单位科研环境主要存在问题的评价

（8）近七成创业人才认为创业环境较好，但仍存在不足之处。66.9% 的创业人才认为创业环境的总体情况比较好或非常好，23.4% 的创业人才认为创业环境一般。创业人才对企业所在位置的重要性评价得分最高的前三位分别是"能招募到有胜任力的员工""租用厂房的成本""高新技术产业开发区/科技园的形象"；满意度得分最高的前三位分别是"高新技术产业开发区/科技园的形象""区位优势""租用厂房的成本"，如图 5－25 所示。

创业人才对咨询来源的重要性评价得分最高的前三位分别是"管理团队""客户""家庭"；满意度得分最高的前三位是"管理团队""家庭""高新区/科技园部门"，如图 5－26 所示。

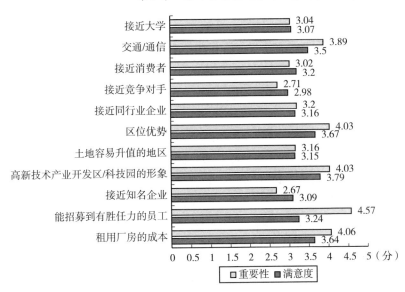

图 5-25 创业人才对企业所在位置的重要性和满意度评价

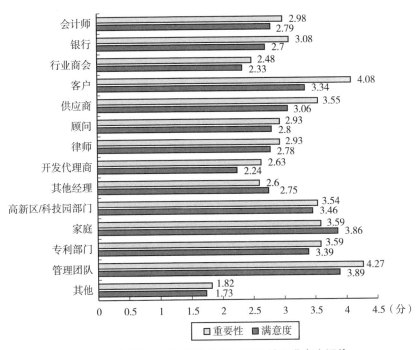

图 5-26 创业人才对咨询来源的重要性和满意度评价

创业环境仍存在不足，创业人才认为存在主要问题最多的三项是"招聘合适人才太难""税收优惠少""对企业限制太多"等，如图 5-27 所示。

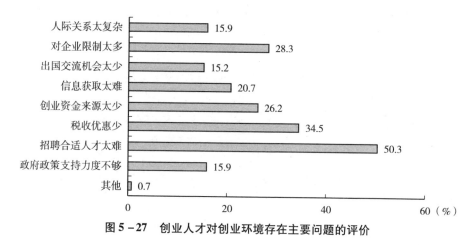

图 5-27 创业人才对创业环境存在主要问题的评价

（9）约七成的引进人才认为生活环境比较好，但房价、食品安全问题仍是生活环境存在的主要问题。约 70% 创新人才和创业人才认为生活环境比较好或非常好，且没有人认为生活环境非常不好，如图 5-28 所示。

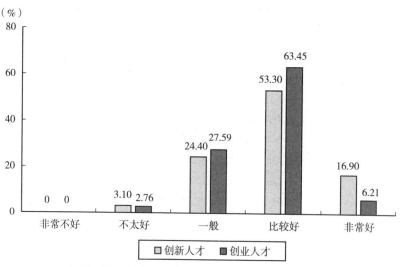

图 5-28 创新人才和创业人才对生活环境的评价

但在对生活环境存在问题的评价中，创新人才认为问题存在最多的三项分别是"房价太高""食品安全问题""交通太拥堵"。与此类似，创业人才认为问题存在最多的三项分别是"食品安全问题""房价太高""空气、水等污染严重"，如图 5 - 29 所示。

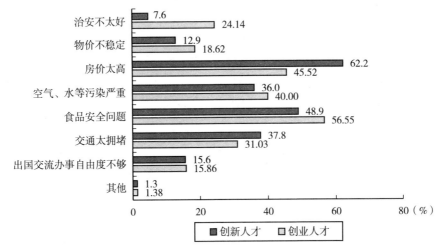

图 5 - 29　创新人才和创业人才对生活环境存在问题的评价

（10）引进人才家属理解和支持人才来粤工作比例较高，但跟随来粤人数较少。70% 的引进人才家属对其回国在广东工作表示理解和支持，而不理解不支持的家属所占比例不足 1%。但是家属跟随来粤较少，引进团队中仅有 5 位团队带头人家属跟随来粤，领军人才中仅有 8 位家属跟随来粤生活。创新人才和创业人才家属对"珠江人才计划"特殊生活待遇落实情况评价较低，得分最高不超过 3.33 分，得分最高的分别是住房（租房）和医疗待遇，较低的是绿卡、签证，如图 5 - 30 所示。

（11）引进人才的结构问题。首先，引进人才年龄结构有待优化。引进人才的年龄偏大，平均年龄 55.8 岁，最大的为 83 岁，有 9 成以上的引进人才超过 46 岁，青壮年引进人才偏少。其次，引进人才所属单位性质结构有待优化。45 个团队和领军人才由高校及科研院所引进，占比 72.6%；17 个团队和领军人才由企业引进，占比 27.4%。此外，创新型的人才引进较多，而创业型人才引进较少。

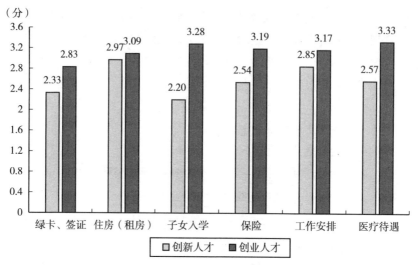

图 5-30　引进人才家属对"珠江人才计划"特殊生活待遇落实情况评价

（12）人才引进工作本身的问题。总体来说，引才工作扎实有效，人才环境建设稳步推进。但是，在经费执行比例、政策宣传、税收优惠和知识产权保护问题、经济社会环境、组织团队环境改善等一系列人才配套措施方面的工作仍有提高的空间。

5.3　影响我国海外高层次人才团队式引进绩效的关键因素分析

　　广东省引进海外人才绩效评估组认为人才自身、人才环境、人才政策都会对海外人才的绩效表现产生影响。综合分析评估过程中的各项调查统计资料及访谈结果来看，以下几个方面在引进海外人才绩效的影响因素中的重要性评价得分较高。

　　第一，人才引进计划。人才引进计划因素得到了引进人才、用人单位还有国内同事的共同承认。其中有超过九成的引进人才和用人单位管理者，超过八成的国内同事认为实施"珠江人才计划"有必要或非常有必要。他们一致认为"珠江人才计划"在"引进一批国内急需的高层次人才"和"培养人才"这两个方面具有重要的作用，而且其可能性较大。

第二，经费到位率与执行率。引进团队和领军人才的省财政拨付专项工作经费到位率较高，用人单位配套工作经费到位率相对较低。经费执行比例差值较大。"兵马未动，粮草先行"，经费到位是海外人才开展创新、创业工作的基础，从该过程中可以看到政府拨付经费到位率显著高于用人单位配套工作经费到位率。

第三，税收政策优惠程度、知识产权保护程度和资助科研项目力度等配套政策。各项配套政策中，此三项因素在重要性评价中得分都普遍较高，受到引进的海外人才的重视。

第四，基础设施要素和经济市场要素。在重要性评价中，引进人才普遍认为这两者在经济社会环境评价中的重要性很高。

第五，组织团队建设。其中的团队凝聚力和创造力的促进或激励因素重要性评价得分最高。引进人才对组织团队环境的重要程度评价很高，其中团队凝聚力和创造力激励因素的重要性受到引进人才的一致认可。

第六，海外人才家属的支持。本次评估中，大部分海外人才家属虽然理解和支持人才来粤工作，但是跟随来粤的家属很少，这对人才到岗工作的时长是一个很直接的影响因素。引进人才家属对"珠江人才计划"特殊生活待遇落实情况的评分普遍较低。

第七，项目评审与项目资金管理。海外人才对这两项的满意度评分普遍较低，恰好说明了其主观重视的态度较高。

5.4　案例启示：我国海外高层次人才团队的绩效评价实践

广东案例评估报告的结果还反映了一个事实，引进团队的各项现实绩效指标均显著高于引进的领军人才。随着我国海外人才引进工作的不断深入展开，以团队形式引进海外人才已经成为趋势，团队式引进的案例也会越来多，有一套科学的海外人才团队式引进的绩效评价体系，成为引进工作的迫切要求。本书作者尝试基于国家各项人才引进的官方文件，同时结合广东海外人才引进的绩效评价案例、绩效评估的基本理论和各权威专家观点，建立海外人才团队式引进的绩效评价体系。

5.4.1　指标体系设计依据与理论基础

本章主要引用《中央人才工作协调小组关于实施海外高层次人才引进计划的意见》《引进海外高层次人才暂行办法》《国家中长期人才发展规划纲要(2010－2020)》《国家高层次人才特殊支持计划》等文件，并参考2012年《广东省引进创新科研团队评审暂行办法》，结合经济社会发展"十二五"规划、转型发展目标和关键产业需求等方面构建评估指标。此外，本章还希望强调现实作用和未来引领相结合。

指标体系构建涉及的理论和技术主要包括：公共政策评估理论、绩效评估理论、团队建设理论、人－环境匹配理论、预期理论、心理契约理论、360度评价方法、平衡计分卡理论等。图5－31呈现了理论框架关系。

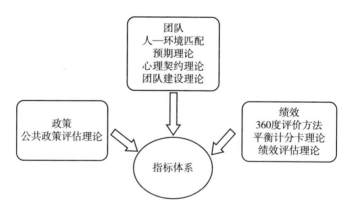

图5－31　海外人才团队式引进绩效评估理论框架

资料来源：本图参考高子平2018年有关国际人才治理的相关研究。

5.4.2　指标的选择

首先，选取团队绩效、团队建设和团队成长作为一级指标。本书综合国家政策依据，团队、绩效、政策等方面的理论，同时参考了广东省案例，更加重视评价团队合作的效果。

其次，进行广东引进海外人才的绩效评估指标体系的分析、解读并进行指标的筛选排除。结合前文广东省案例中影响海外人才引进绩效的因素的分析，对其中影响绩效的关键因素指标予以保留，包括环境预期、社会环境、经济环境、创新环境、人才引进政策、人才服务政策、政府投入、组织创新氛围、团队合作能力。

显然，广东案例的绩效评价体系是否适用于推广到团队式引进的绩效评估中还有待商榷。其一，该评估方案的评估对象，并非仅仅是针对引进的海外创新科研团队，还包括领军人才。因此，各项指标的设计与权重分配并未突出团队式引进的特殊性。其二，这次评价设计的流程多，访谈涉及的对象复杂庞大，评估组的规格高，一般的海外人才团队引进绩效评估案例都难以完全复制。正因为其规格高、设计复杂，评估指标涉及的方面比较完善，因此是我国未来海外人才引进绩效评估工作的重要案例借鉴。

最后，综合分析案例的访谈统计结果，将访谈评价中得到重要性评价最低的若干指标排除，同时对于剩下的若干指标按照与团队评估相关的重要程度予以选择性保留。

5.4.3　指标体系构成

从决定事物发展过程的辩证关系看，团队建设水平和行动意愿是影响其绩效的内因，而政策环境是影响其绩效的外因，内外因共同决定了高层次海外人才团队的业绩和发展。结合相关理论、政策和实际，形成了此次评估的三级指标体系，如表 5 - 13 所示。

表 5 – 13　　　　　　　　　海外人才团队式引进绩效评估指标体系

一级指标	二级指标	三级指标	指标说明	备注
团队绩效	学术成果	成果数量	发表论文数、出版专著数、承担项目数	定量指标
		成果质量	引进期间科研成果获奖情况、申请发明专利数、已授权专利数、参与或主持制定国际国内标准数、开发新产品数	定量指标
	经济效益	直接效益	销售额/利润额	定量指标
		间接效益	带动相关产业产值	定量指标
	社会影响力	获得的社会荣誉	个人、团队或项目影响力、获得社会荣誉等	定量指标
团队建设	到岗率	按约到岗的工作时长	按约到岗的工作时长	定量指标
	团队氛围	工作创新氛围	内部工作创新氛围	定性指标
	团队结构	人才梯队建设	团队人员年龄结构、人才的内部储备	定性指标
		人才互补性	专业合作方向互补性、能力互补性	定性指标
	团队合作	团队合作稳定性	人员流失更换比例	定量指标
		团队凝聚力	—	定性指标
	压力感受	压力感知	对工作压力的感受程度	定性指标
团队成长	成长环境	社会环境	居住条件、医疗服务、社会保障状况、子女入学、基础设施、现代服务业、社会包容度、知识产权服务与保护、社会创新氛围、创新资源等	定性指标
		经济环境	财税政策体系、投融资渠道、风险投资机制、政府投入到位情况	定性指标
		政策环境	对人才引进政策、人才服务政策、人才培养政策等满意程度	定性指标
	成长状况	团队核心成员数量增长比率	—	定量指标
		团队人均产出绩效增长比率	—	定量指标

海外人才团队式引进的绩效评估指标体系由 3 个一级指标、10 个二级指标还有 17 个三级指标构成，三级指标中包括 9 个定量指标，8 个定性指标。

5.4.4　各指标权重

首先，两两比较判断矩阵的构造。通过建立的海外人才团队式引进绩效评估体系，结合当前海外人才的引进工作中的实际情况，对一级指标，即"团队绩效""团队建设""团队成长"两两比较，得到以下评价矩阵：

$$A = \begin{bmatrix} 1 & 2 & 2 \\ 1/2 & 1 & 1 \\ 1/2 & 1 & 1 \end{bmatrix} \tag{5.1}$$

①将判断矩阵 A 的每一列向量进行归一化，得到 $B = (b_{ij})_{n \times n}$。

因为 $b_{ij} = \dfrac{a_{ij}}{\sum\limits_{k=1}^{n} a_{kj}}$，则可计算：

$$\sum_{k=1}^{3} a_{k1} = 1 + \frac{1}{2} + \frac{1}{2} = 2 \tag{5.2}$$

$$b_{11} = \frac{a_{11}}{\sum\limits_{k=1}^{3} a_{k1}} = \frac{1}{2} \tag{5.3}$$

同理，可得：

$b_{21} = \dfrac{1}{4}$，$b_{31} = \dfrac{1}{4}$

$b_{12} = \dfrac{1}{2}$，$b_{22} = \dfrac{1}{4}$，$b_{32} = \dfrac{1}{4}$

$b_{13} = \dfrac{1}{2}$，$b_{23} = \dfrac{1}{4}$，$b_{33} = \dfrac{1}{4}$

则，
$$B = \begin{bmatrix} 1/2 & 1/2 & 1/2 \\ 1/4 & 1/4 & 1/4 \\ 1/4 & 1/4 & 1/4 \end{bmatrix} \tag{5.4}$$

②按行相加，则有：

$$M_1 = \sum_{j=1}^{3} b_{ij} = 1/2 + 1/2 + 1/2 = 3/2 \qquad (5.5)$$

同理，$M_2 = 3/4$

$\qquad M_3 = 3/4$

则，$M = (3/2 \quad 3/4 \quad 3/4)$

③将向量 M 归一化，得到特征向量 W。

$$\sum_{i=1}^{3} M_i = 3/2 + 3/4 + 3/4 = 3$$

$$W_1 = \frac{M_1}{\sum\limits_{i=1}^{3} M_i} = \frac{\dfrac{3}{2}}{3} = \frac{1}{2} \qquad (5.6)$$

同理，$W_2 = \dfrac{1}{4}$

$\qquad W_3 = \dfrac{1}{4}$

所求特征向量 $W - \left(\dfrac{1}{2} , \dfrac{1}{4} , \dfrac{1}{4} \right)^T$

④一致性检验。

$$C.I. = \frac{\lambda_{\max} - n}{n - 1} \qquad (5.7)$$

$$AW = \begin{bmatrix} 1 & 2 & 2 \\ 1/2 & 1 & 1 \\ 1/2 & 1 & 1 \end{bmatrix} \begin{bmatrix} 1/2 \\ 1/4 \\ 1/4 \end{bmatrix} = \begin{bmatrix} 3/2 \\ 3/4 \\ 3/4 \end{bmatrix}$$

$$\lambda_{\max} = \frac{1}{3} \sum_{i=1}^{3} \frac{(AW)_i}{W_i} = \frac{1}{3} \left(\frac{3/2}{1/2} + \frac{3/4}{3/4} + \frac{3/4}{3/4} \right) = 3$$

$$C.I. = \frac{3-3}{3-1} = 0 \qquad (5.8)$$

查表当 $n = 3$ 时，$R.I. = 0.58$

所以，$C.R. = \dfrac{C.I.}{R.I.} = \dfrac{0}{0.58} = 0 < 0.1$，即权重向量 W 可以接受。

因此，团队绩效在团队引进的风险中所占权重最大为 0.5，其次为团队

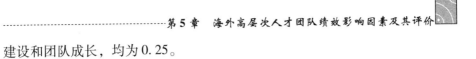

建设和团队成长，均为0.25。

同理，依次对各级指标建立相对应的比较评价矩阵得到各个指标的权重。进行加权处理，最后得到以下考虑指标权重分配的绩效评价体系（见表5-14）。

表5-14　　　　　海外人才团队式引进的绩效评价指标及其权重

一级指标	二级指标	三级指标	指标说明	备注
团队绩效（50%）	学术成果（23%）	成果数量（10%）	发表论文数、出版专著数、承担项目数	定量指标
		成果质量（13%）	引进期间科研成果获奖情况、申请发明专利数、已授权专利数、参与或主持制定国际国内标准数、开发新产品数	定量指标
	经济效益（23%）	直接效益（15%）	销售额/利润额	定量指标
		间接效益（8%）	带动相关产业产值	定量指标
	社会影响力*（4%）	获得的社会荣誉或成果产生的社会效益（4%）	—	定量指标
团队建设（25%）	到岗率（8%）	到岗的工作时长（8%）	—	定量指标
	团队氛围（3%）	内部工作创新氛围（3%）	—	定性指标
	团队结构（4%）	人才梯队建设（2%）	团队人员年龄结构、人才的内部储备	定性指标
		人才互补性（2%）	专业合作方向互补性、能力互补性	定性指标
	团队合作（8%）	团队合作稳定性（4%）	人员流失更换比例	定量指标
		团队凝聚力（4%）	—	定性指标
	压力感受（2%）	压力感知（2%）	对工作压力的感受程度	定性指标
团队成长（25%）	成长环境（15%）	社会环境（6%）	居住条件、医疗服务、社会保障状况、子女入学、基础设施、现代服务业、社会包容度、知识产权服务与保护、社会创新氛围、创新资源等	定性指标

续表

一级指标	二级指标	三级指标	指标说明	备注
团队成长（25%）	成长环境（15%）	经济环境（6%）	财税政策体系、投融资渠道、风险投资机制、政府投入到位情况	定性指标
		政策环境（3%）	对人才引进政策、人才服务政策、人才培养政策等满意程度	定性指标
	成长状况（10%）	团队核心成员数量增长比率（5%）	—	定量指标
		团队人均产出绩效增长比率（5%）	—	定量指标

注：＊社会影响力聚焦于研究在学术系统之外产生的复杂影响。REF2014 将社会影响力定义为"对学术界以外的经济、社会、文化、公共政策或服务、健康、环境或生活质量的影响、改变或益处"。REF2021 中的定义基于 REF2014 的经验对其进行扩充，补充了"公众参与"和"对教学的影响"。

第6章

我国海外人才团队式引进的风险评估与风险管理

6.1 海外高层次人才团队式引进的风险评估

6.1.1 人才团队式引进的风险评估

6.1.1.1 风险因素的识别

在未来的海外人才团队式引进工作中，有一套科学合理的风险评估和风险管理理论，是团队引进工作顺利推进的迫切要求。笔者尝试以风险评估的基本理论为基础，同时结合广东海外人才引进的绩效评价案例和各权威专家观点，建立海外人才团队式引进的风险评估体系。

首先，通过查阅广东案例的访谈报告，将受访者的重要性评价程度高，但满意度评价程度低的因素，列为风险因素；其次，同时将该报告中显示的人才引进工作本身的不足之处，进行归纳分析；最后，查阅国内外学者的文献，进行一定的风险因素筛选。

6.1.1.2 建立风险评估模型

引进团队和当地的各种因素的匹配程度和成长预期是引进团队本身的风险因素，而安全性风险因素是从国家战略层面考虑，这二者共同决定了高层次海外人才团队的风险因素构成。结合相关理论、政策和实际，本章选取建立如下风险递阶层次模型（见图6–1）。

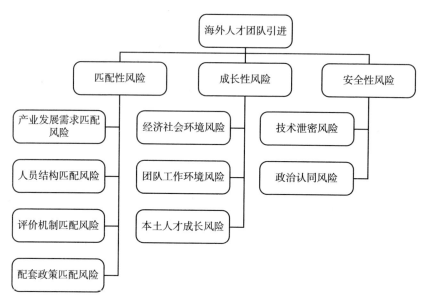

图6–1 海外人才团队式引进的风险递阶层次模型

首先，两两比较判断矩阵的构造。通过建立的海外人才团队式引进风险递阶层次模型，结合当前海外人才的引进工作中的实际情况，对第二层，即"匹配性风险""成长性风险""安全性风险"两两比较，得到以下评价矩阵：

$$A = \begin{bmatrix} 1 & 3 & 5 \\ 1/3 & 1 & 4 \\ 1/5 & 1/4 & 1 \end{bmatrix} \tag{6.1}$$

①将判断矩阵 A 的每一列向量进行归一化，得到 $B = (b_{ij})_{nxn}$。

因为 $b_{ij} = \dfrac{a_{ij}}{\sum\limits_{k=1}^{n} a_{kj}}$，则可计算：

$$\sum_{k=1}^{3} a_{k1} = 1 + \frac{1}{3} + \frac{1}{5} = \frac{23}{15}$$

$$b_{11} = \frac{a_{11}}{\sum\limits_{k=1}^{3} a_{k1}} = \frac{1}{23/15} = 0.652 \qquad (6.2)$$

同理，可得：

$$b_{21} = 0.2174，\quad b_{31} = 0.1304$$

$$b_{12} = 0.7058，\quad b_{22} = 0.2352，\quad b_{32} = 0.0588 \qquad (6.3)$$

$$b_{13} = 0.5，\quad b_{23} = 0.4，\quad b_{33} = 0.1$$

则，$B = \begin{bmatrix} 0.652 & 0.706 & 0.5 \\ 0.217 & 0.235 & 0.4 \\ 0.13 & 0.059 & 0.1 \end{bmatrix}$

②按行相加，则有：

$$M_1 = \sum\limits_{j=1}^{3} b_{ij} = 0.652 + 0.706 + 0.5 = 1.858$$

同理，$M_2 = 0.852$

$\qquad M_3 = 0.289$

则，$M = (1.858 \quad 0.852 \quad 0.289)$

③将向量 M 归一化，得到特征向量 W。

$$\sum\limits_{i=1}^{3} M_i = 1.858 + 0.852 + 0.289 = 2.999$$

$$W_1 = \frac{M_1}{\sum\limits_{i=1}^{3} M_i} = \frac{1.858}{2.999} = 0.620 \qquad (6.4)$$

同理，$W_2 = 0.284$

$\qquad W_3 = 0.096$

所求特征向量 $W = (0.620，0.284，0.096)^T$

④一致性检验。

$$C.I. = \frac{\lambda_{max} - n}{n - 1}$$

$$AW = \begin{bmatrix} 1 & 3 & 5 \\ 1/3 & 1 & 4 \\ 1/5 & 1/4 & 1 \end{bmatrix} \begin{bmatrix} 0.620 \\ 0.284 \\ 0.096 \end{bmatrix} = \begin{bmatrix} 1.952 \\ 0.875 \\ 0.291 \end{bmatrix}$$

$$\lambda_{\max} = \frac{1}{3}\sum_{i=1}^{3}\frac{(AW)_i}{W_i} = \frac{1}{3}\left(\frac{1.952}{0.62} + \frac{0.875}{0.284} + \frac{0.291}{0.096}\right) = 3.086$$

$$C.I. = \frac{3.086 - 3}{3 - 1} = \frac{0.086}{2} = 0.043 \tag{6.5}$$

查表当 $n = 3$ 时，$R.I. = 0.58$

所以，$C.R. = \dfrac{C.I.}{R.I.} = \dfrac{0.043}{0.58} = 0.074 < 0.1$，即权重向量 W 可以接受。

因此，匹配性风险在团队引进的风险中所占权重最大，为 0.62，其次为成长性风险，权重为 0.284，权重最小的为安全性风险，权重为 0.096。

同理，可继续针对匹配性风险的各风险因素大小，构造如下比较判断矩阵：

$$A_1 = \begin{bmatrix} 1 & 3 & 7 & 9 \\ 1/3 & 1 & 5 & 7 \\ 1/7 & 1/5 & 1 & 3 \\ 1/9 & 1/7 & 1/3 & 1 \end{bmatrix} \tag{6.6}$$

经计算得，在匹配性风险中，产业发展需求匹配风险的风险权重为 0.574，人员结构匹配风险的风险权重为 0.291，评价机制匹配风险的权重为 0.090，配套政策匹配风险的权重为 0.044。对该判断的一致性比率检验，$C.R. = 0.061 < 0.10$，接受该风险权重判断。

针对成长性风险的各风险因素大小，构造如下比较判断矩阵：

$$A_2 = \begin{bmatrix} 1 & 3 & 5 \\ 1/3 & 1 & 2 \\ 1/5 & 1/2 & 1 \end{bmatrix} \tag{6.7}$$

在成长性风险中，经济社会环境风险的风险权重为 0.65，团队工作环境风险的风险权重为 0.23，本土人才成长风险权重为 0.12。一致性比率判断结果 $C.R = 0.0034 < 0.10$，接受该风险权重判断。

针对安全性风险的各风险因素大小，构造如下比较判断矩阵：

$$A_3 = \begin{bmatrix} 1 & 5 \\ 1/5 & 1 \end{bmatrix} \tag{6.8}$$

技术泄密风险的风险权重为 0.83，政治认同风险的风险权重为 0.17。一

致性比率 $C.R. = 0 < 0.10$，接受该风险判断权重。

根据以上的结论，可得出以下含权重系数风险递阶结构图（见图6-2）。

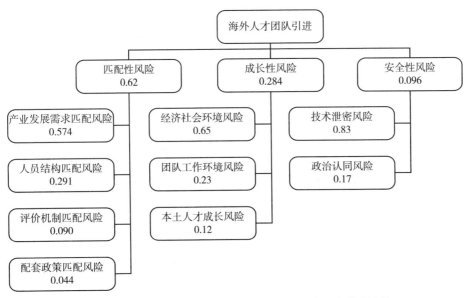

图6-2 含权重系数的海外人才团队式引进的风险递阶结构

6.1.2 人才团队式引进的风险管理

在风险管理中，具体的应对方法有很多。一般按照风险处理的方式将其分为三大类：风险回避、风险自留和风险转移。

风险回避是指主动中断风险源，遏制风险事件的发生。强调放弃的主动性。主要通过主动放弃和终止承担某一任务，从而避免承担风险。在面临灾难性风险时，采用回避风险的方式处置风险是比较有效的。

风险自留是指风险保留在风险管理主体内部，这要分主动保留还是被动保留，主动保留可以期待通过采取内部控制等措施化解风险或者对这些保留下来的风险不采取任何措施。在风险管理中，应用自留方式处理风险有三种情况：一是当风险无法回避或转移时，被动地将这些风险留下来，属于被动自留；二是如果经估算确认风险程度较小，对总体不会造成太大影响，于是

保留风险，属于主动自留；三是未能准确把握风险，于是把风险保留下来。

处置风险的第三种方式是风险转移，是指风险承担者通过一定的途径将风险转嫁给其他承担者。途径主要有设置保护性合同条款、担保和保险。

结合前文风险权重的评估分析，以及当前我国经济结构和人才结构都处于转型的关键时期的大背景，本书作者认为，应采取更为积极的风险管理方式，即以风险转移方法为主，风险自留和风险回避方法相结合的处置方式，具体风险管理的建议办法在第 7 章详述。

6.2　外籍人才引进的风险评估

本书 1.3.1 小节已经指出，本书所指的"海外高层次人才"是具有高等学历或者高级专业技术能力的人士，包括外籍人士或具有海外留学或工作经历（工作单位并非国内企业国外分部）的中国籍人士。因此，外籍人员，即纯粹意义上的外国人才也属于海外高层次人才。这部分特殊人才在引进过程中也存在一些风险。

以经济波动为契机，我国在国际人才流动中的主被动关系开始易位，外籍人才的规模迅速扩大，主要包括外国专家、外籍专业技术人员和在华外国留学生三支队伍。我国不属于移民国家，在和平崛起进程中，不仅需要构筑高度开放、兼容的国际人才高地，吸引包括外籍人才在内的各类优秀人才，而且需要根据中华文化特质及国家利益诉求，构建包括国家政治与战略安全维度、就业竞争与经济安全维度、文化认同（知）与社会融入维度的风险评估与预警机制。

在改革开放初期，我国作出了引进外国专家、利用国外智力的决定，并在 20 世纪 50 年代引进苏联专家的经验教训基础上，形成了一整套外国专家管理体制。但当时无需进行专业性的风险评估与预警机制建设，主要是因为外国专家引进形成了高度行政化的审批与管理体制，外国专家的工作、居住与生活相对集中，甚至带有一定的封闭性，加之这一群体的结构单一、规模有限，我国各级政府能及时了解这一群体的动态，并实施有效管理。如今，随着社会主义市场经济体制的形成以及中外交往、交流的更趋频繁与紧密，外国专家已经不再是我国经济社会发展中唯一的外籍人才队伍，而是形成了包括外国专家、外籍专业技术人才、在华外国留学生在内的更为复杂多元的外籍人才队伍结构，他们在更为开放、流动性更强的中国社会中获得了更多的自主活动空间和发展机会，并可以借助于网络等信息化手段保持与外界包括外国的便捷联系。鉴于内外部环境的变化及外籍人才资源流动与配置方式的转变，流动性及衍生的不确定性大大增加，只有通过科学的风险评估与预警机制建设，才能实现潜在风险的规避与防范，并切实消除社会公众的种种疑虑。

6.2.1　国家政治与战略安全维度的风险评估

外籍人才引进不仅是人口学意义上的跨国迁移行为，而且是国际市场上的人力资本流动与配置行为。在全球性人才大争夺和主权国家间复合依存的背景下，"人才安全"已经上升到国家战略的高度，目前我国对于外籍人士来华工作方面，仍然存在一定的政策限制。这些政策限制一方面是基于国籍方面的考虑而设置的，另一方面是从国家安全和保密的角度来安排的。如今，外籍人才对国家安全的影响已经不再停留在"是否有影响"的层面，而是到达了"存在哪些安全影响"以及"如何降低或避免消极影响"的层面。外籍人才引进中的国家战略和安全风险是极其复杂而敏感的系统性问题。

6.2.1.1　外籍人才引进牵涉国家认同和忠诚

"认同"载负于人口之上，外籍人才所具有的政治认同，是在一定的社会历史条件下，经过较长时间逐步形成的，而且一旦形成，很难在短期内予以改变。因此，外籍人才对中国政治合法性的认同和忠诚较之中国国民相对较弱。外籍人才流向中国，从理论上讲，将会增加中国国内缺乏政治认同和政治忠诚的人口，如何在坚持单一国籍政策的基础上，强化这一群体的政治认同与忠诚，是中国在大规模外籍人才引进过程中必须充分考虑的重大问题。中华人民共和国国务院和地方政府作为国家政治权力的执行机关，集中代表和体现着中国人民的最高政治利益。有鉴于此，"引进外籍人才到党政机关担任要职之所以引起很大的争议，主要还是出于国家安全的原因。在这一方面，世界上的各个国家都控制得非常严格，中国政府在短期内也很难有所突破"①。即使实施了所谓"双重国籍"政策的德国、印度和韩国，也均对外籍人士担任公职进行了严格限制甚至明文禁止。事实上，延揽外籍人才的终极战略目标是引进国外智力，通常将外籍人才限定在经济科技领域，避免其介入迁入国的公共事务如政务、军务、法务等，这已经成为全球化背景下主权国家规避外籍人才引进对其政治合法性的认同与忠诚风险的最佳途径。

6.2.1.2 外籍人才涌入对中国政治决策的自主性造成影响

随着大批外籍人才的进入，中国的公共决策过程中将增加一个全新的变量和声音，这一群体的意志对中国政策会产生一定的影响。具体体现在签证政策、国际合作以及涉外事务等领域。印度裔高层次人才在当前美国公共决策中日渐活跃的身影足以引以为鉴。就当前中国的外籍人才管理体制而言，多头管理带来诸多管理漏洞。其中，外国专家主要是通过计划方式进行配置，国家有关部门对这一群体的管控能力相对较强，而其他几类外籍人才主要是通过市场配置，甚至是非正规就业形式在华从业，国家对其动向的掌控能力有限，易发生群体性突发事件。东南亚国家外籍劳工在中国香港、中国台湾地区频频发生的劳资纠纷等值得关注。

6.2.1.3 外籍人才可能会影响中国社会内部政治力量的平衡

按照国际法属人管辖的原则，移民在加入迁入国国籍之前，仍旧是迁出国的公民，迁出国政府有权行使管辖权。而同时，按照国际法的属地管辖原则，迁入国政府具有对其领土内所有人口、包括外国人口的管辖权。因此，针对移民个体，常常会出现迁入国与迁出国之间管辖权的冲突。这就为外部势力干涉移民迁入国内政提供了借口。1983 年，美国以保护格林纳达岛上的大约 1000 多名美国人的生命安全为借口，武装入侵格林纳达。作为全球性大

---

① 赵穆. 中国引进外籍人才面临尴尬，放宽呼声渐涨 [N]. 国际先驱导报，2003 - 11 - 19.

国，外籍人才的引进会引起政治交涉的问题。随着在中国的外籍人才的影响力扩大，他们可能会表达一定的政治诉求，会对中国社会内部政治力量造成影响。事实上，相关议题已经浮出了水面。以选举权为例，外国"绿卡"持有人能否担任地方国家机关领导人？美欧地区的"绿卡"通常与国籍对接，在达到一定年限之后可以直接转换为国籍。我国国内法律并未对后续事宜进行规定，从而出现了明显的法律漏洞。这就意味着，中国的人大代表或者政协委员有可能拥有外国国籍，成为事实上的"双重国籍"者，潜在的政治风险必须得到足够重视。

6.2.2 就业竞争与经济安全维度的风险评估

6.2.2.1 外籍人才与中国本土人才之间的竞争趋于激烈

从次贷危机到美欧债务危机，全球性经济波动为发展态势良好的中国提供了在国际人才市场"买股"的历史性机遇，正如英国在第一次工业革命初期、苏联在"一五"计划期间、美国在第二次世界大战后期那样，国外人才闲置为本国引进人才、充实智力宝库创造了难得的外部条件。然而，国内人才市场趋于饱和，高等教育规模仍在适度扩张，国内就业市场容量难以吸纳如此多的人才，包括外籍人才。这就意味着当前中国已经结束了改革开放早期吸引国外人才的宏观市场环境，外籍人才与中国本土人才之间已经从起初的互补关系迅速演化为激烈的市场竞争关系。事实上，在各类外籍人才之间，除外国专家依然属于一定程度上的计划配置，跨国公司的一部分专业技术人员属于派驻人员之外，其余全部面临在华就业中的市场竞争问题。

不仅如此，中国本土人才队伍的壮大与结构优化同时进行。当今中国不仅人才储备充足，而且人才的层次不断提高、专业分类趋于合理，外籍人才的层次性优势和结构性优势均已明显下降，属于中国国内既急需、又紧缺、必须由外籍人才顶替的岗位已经很少，多数岗位的替代性不断增强。笔者在2011年开展了针对外籍华人人才的问卷调查，专门针对这一群体在华的就业情况进行了问答，得到如下样本频数表（见表6-1）。

表6-1　　　　　　外籍华人人才对从业环境及自身优势研判的交叉分析　　　　单位：%

从业环境及自身条件	明显优势	有些优势	微弱优势	没有优势	合计
有特殊待遇	2.67	5.88	0.53	4.28	13.37
公平竞争	13.90	41.18	4.28	5.35	64.71
本土人才优势	3.74	14.44	0.00	3.74	21.93
合计	20.32	61.50	4.81	13.37	100.00

对其进行独立性检验，建立如下原假设：

H_0：竞争环境与竞争优势间相互独立 $H_0 \leftrightarrow H_1$：两者之间有一定的相关关系。

数据分析发现，SPSS 输出 Pearson Chi - Square 的 P 值为 0.031，小于 0.05，在置信度 0.05 的显著水平下拒绝原假设，认为竞争环境和竞争优势间的确存在一定的关联性，外籍人才的竞争优势在显著下降。除非提供倾斜性政策安排，否则，他们来华就业在总体上不仅没有优势，可能还会面临诸多劣势，这一点通过大批外籍人才学习汉语、设法加深与中国国民之间的友好关系上不难看出。但随着中国市场化扩张阶段的结束，对外籍人才原有的很多优惠政策将逐步取消，原则上不可能继续提供所谓的照顾性政策措施。那么对于缺少照顾性政策措施的外籍人才，他们所面对的就业形势就会越发严峻。这就意味着，外籍人才与中国本土人才之间的从业竞争必将加剧，并且"势必会给外籍人才在中国的就业环境造成比较大的压力"。

其中，外国留学生的非正规就业问题格外突出。教育部、外交部、公安部 2017 年 6 月发布《学校招收和培养国际学生管理办法》，其中第二十条规定，高等学校按照教学计划组织国际学生参加教学实习和社会实践，选择实习、实践地点应当遵守国家有关规定。第三十条规定：国际学生在高等学校学习期间可以参加勤工助学活动，但不得就业、经商或从事其他经营性活动。事实上，由于中国在非正规就业方面的立法滞后、管理欠缺等原因，外国留学生在中国非正规就业的现象非常普遍。通常的就业形式是从事语言类教学、培训，或者为外贸企业提供咨询、帮工等。根据笔者 2011 年度对京沪两地外国留学生的调查统计结果，关于在华职业经历问题，"您在中国做过兼职工作（打零工）吗？"统计结果显示，"一直在做兼职工作"者占15％，"以前做过兼职工作"者占28％，"从来没有做过兼职工作"者占57％。可见，有在华职业经历的外国留学生占一半，这一比例远远超出以往的媒体报道所列举的数字，也反映了外国留学生在中国非正规就业领域（或零工市场）的活跃程度，现有的限制政策并未起到实质性的约束作用。

6.2.2.2　外籍人才对国家经济安全造成的潜在风险

经济纠纷频发，扰乱了我国的司法秩序。根据《中华人民共和国出境入境管理法》及实施细则，以及2017年修订过的《外国人在中国就业管理规定》，用人单位聘用外国人须为该外国人申请就业许可，经获准并取得《中华人民共和国外国人就业许可证书》后方可聘用。此外，禁止个体经济组织和公民个人聘用外国人。违反上述规定的非正规就业行为和非法就业现象无疑扰乱了我国的劳动力市场，所引起的诸多经济纠纷直接扰乱了司法秩序。以上海市静安区为例，仅2010年，该区人民法院受理的涉外劳动争议案件已经超过了2008年及2009年两年的总和，占同期受理劳动争议案件的1.53％。此外，在2018年7月至2019年4月间，静安法院共受理涉外劳动争议案件10余件。诉讼请求主要集中于恢复劳动关系、违法解除劳动合同赔偿金、绩效奖金等。其中涉及劳动合同违法解除、恢复劳动关系的案件占所有涉外案件的50％左右。[①] 由于这些外国劳动者通常具有高学历或拥有一技之长，工作岗位一般薪水较高，一旦形成诉讼纠纷，大多涉及金额较大，有的甚至超过百万，这给涉外劳动争议纠纷的审理带来了很多困难。在这些涉外劳动争议案件中，主要涉及的领域是酒店服务业、餐饮行业和科技含量较高的行业等。外籍员工以往一直不能享受中国员工的社会保险待遇，但有高于法定标准的企业福利待遇，包括住房补贴、交通补贴、医疗补贴、子女教育补贴等，给付属于企业行为，基本由双方协商约定，因此，双方之间的劳动合同约定就显得尤为重要。比如，《本国工人与外国工人关于事故赔偿的同等待遇公约》第一条第一款规定："凡批准本公约的国际劳工组织会员国，承允对于已批准本公约的任何其他会员国

---

① 　上海静安区人民法院.2018年度劳动争议审判白皮书［R］.2018.

的人民在其国境内因工业意外事故而受伤害者，或对于需其赡养的家属，在工人赔偿方面，应给予与本国人民同等的待遇。"中国是缔约国之一，但中国的劳工赔偿标准与欧美发达国家有很大差距，如果纠纷双方起初没有正式签署非常详尽的劳动合同，事发之后必然会带来经济纠纷。

在非法就业和非正规就业领域，一些雇佣单位不签订劳动合同，甚至按日计酬，雇佣关系松散。雇佣单位也没有健全的财务制度，外国人在雇佣单位的劳务报酬甚至没有任何书面记载。比如，一些外国乐队在酒吧内私自演出，只是随时与酒吧经营者约定演出时间和报酬，而且常常采取每场演出完毕当场付酬的形式，即来即演，即演即付，演完就离开。尤其近些年，一些新的雇佣行业很难定性，有些行为在一定形式上规避了法律，对雇佣方的处罚没有法律依据。同时，非正规就业和非法就业行为违反了税收政策，给我国税收带来损失，并在事实上造成了外籍人士薪酬水平偏高的现状。

6.2.3 文化认同（知）与社会融入维度的风险评估

由于中华文化本身的内敛性特质，并非单纯的经济参与或投身于中国市场活动便能适应，这与美国文化中的市场化和市民化特征有着重大差别，不能简单地参照美国首先基于经济参与的移民历程及熔炉经验。同时，中国社会的超稳定性、人际关系的紧密程度、政府对社会的管控能力等，均与其他社会形态有着重大差别，甚至很难在当今世界找到类似的社会结构。文化属性和社会属性的巨大差异，意味着外籍人才的文化认同（知）及社会融入过程是高度敏感的社会问题，更何况"融合与适应不是简单地等同于同化，它比同化具有更加主动积极的意义"，极易带来社会风险。

6.2.3.1 基于文化适应维度的风险评估

（1）语言文化交流不畅引发的适应性问题。绝大多数外国人都会遇到语言适应的问题。由于外国人到中国时间有限，语言不熟练甚至无法沟通，他们在日常交流和阅读方面遇到问题是经常发生的。各种调查均显示，尽管很多外籍人士来中国之前已经有一定的汉语基础，但刚到中国时，听人讲话还是有一种"迷路"的感觉。本项研究过程中，2015年，作者曾针对京沪两地的307位外国留学生进行调查，将其中文水平分为"不好"（poor）、"一般"（fair）、"好"（good）、"非常好"（excellent）四类，统计结果依次为21%、55%、23%和2%。究其根源，一是汉字的拼写问题，作为由象形文字演化而来的典型的方块字，不仅难写，而且难拼，"拼""写"却又紧密相连，这与字母文字可以不会写、会读即可的特点完全不同。二是文字本身承载了太多的文化功能甚至艺术特征，将文化性、艺术性、工具性高度融为一体，并散发着弥久的历史韵味，而不仅仅是交流的工具。三是模糊、多义、语法规范性差等特征显著，方言的差异不仅体现在发音上，还体现在语法结构、表达方式等诸多方面，并高度依赖主观判断与体悟。因此，我们在访谈过程中发现，很多外籍人士表示之所以没有中国朋友，最主要的原因就在于语言障碍。对某些语言表达不理解甚至产生误解（比如："病重"与"病很重"哪个更重？"好容易"与"好不容易"哪个更容易？等等），无法用熟练的中文表达自身确切的感情。这些语言因素就像是隐形的屏障，阻碍了彼此的友谊进一步发展，并使双方为此而困惑。向蕾（2022）以兰州大学国际留学生为例，对来华留学生跨文化适应状况进行探究，将在兰州大学留学的180名留学生作为调查样本，其中有92%的留学生通过HSK1考试，通过HSK4和HSK5的留学生占比79%。通过对留学生汉语水平考试等级与在华学习的适应性及跨文化心理进行分析，提出留学生掌握的语言越丰富，他们对中国文化的了解就越通透。而那些刚到中国的留学生，他们对汉语词语和句子的掌握未达到交际需求（未通过HSK1），这就会导致心情郁闷、焦躁，心理适应状况问题较多。闫盼配（2023）通过问卷调查的方式获得江苏大学留学生汉语水平等级分布情况，没有通过HSK1的留学生占15.33%，而从HSK1至HSK6的留学生人数呈现递减趋势，由此可见，接受调查的67名留学生的汉语水平只达到一般水平。

（2）社会观念方面的差异引发的适应性问题。当前中国本身也处于文化转生的重要历史阶段，需要积极吸收融合其他国家文化中的精华。中国传统文化中一些独有的观念与其他国家的观念存在着明显的差异。外籍人将中华文化视为一种既定的文化。他们对于中国很多传统文化习俗的理解也只停留在表面，并未深入挖掘。例如他们并未真正了解中国的酒桌礼仪、节日团聚、婚嫁风俗等。

同时，欧美人重个性，喜欢标新立异。但中国人群体意识比较浓厚，很注意自己的一举一动对周围的影响和他人的反应，并形成了很多含蓄的表达方式，有时候这会使双方都不知所措。不仅如此，大部分外籍人士信仰宗教，并且通常视其为个人行为，与社会无关，不应受到任何干预。我国制定的《学校招收和培养国际学生管理办法》第二十九条规定：高等学校应当尊重国际学生的民族习俗和宗教信仰，但不提供宗教活动场所。学校内不得进行传教、宗教聚会等任何宗教活动。但事实上，我们在访谈过程中发现，小型的宗教聚会时有发生，只是因为纯属宗教仪轨而没有引起过多关注。

6.2.3.2 社会融入维度的风险评估

跨文化交流不是一个单向的过程，而必须双向互动。但是，热心交友不一定能达到文化沟通的效果，主要在于中国社会的人际关系特征。在上海社科院高子平研究员所组织的针对外籍华人人才的问卷调查中，高达31%的受访者表示人际关系太复杂、"潜规则"太多，非华裔外籍人才对于中国社会人际关系紧密度的体悟与感受格外深刻。不仅如此，东方文明形态普遍强调内敛、谦让、平和与稳重，情感表达普遍比较含蓄、间接、谦让，在中国工作的西方人通常觉得他们需要调整自己，因为"在西方，迅速把事情做完是最重要的，但来中国后，你要聆听，要更耐心，要多理解当地办企业的方法"。不仅如此，他们也开始了解中国人所谓的"关系"，暗示要和老板或者客户抽空聚会等。

在中国和平崛起进程中，外籍移民会逐渐在中国形成一个或多个具有不同身份特征的亚族群，或是改变原有族群之间的相对规模，从而使信任与疑惧在中国社会内部被重新分配。在这种情况下，一些个体之间的摩擦就会由于族群背景差异而被扩大为族群之间的冲突。族群内的社会成员常常会因某一成员与另一族群成员之间的冲突和摩擦，而产生心理上的共鸣，于是，以族群为界的社会冲突就会形成。非洲黑人社区在广州建成规模，韩国人在北京逐群而居，这些现象的出现本身就预示着新的议题开始产生。近代移民史反复证明，移民定居后会逐渐形成有自己种族、民族及语言文化背景的族群，他们趋向于认同自己的价值、宗教、传统等，从而强烈地感受到自身的差异性。尤其在出现资源分配等方面的竞争时，这种差异性界定更加明显，甚至会演变为社会排斥或歧视，从而造成对抗，引发社会冲突。

6.3 外籍人才引进风险的预警机制建设

外籍人才引进是中国和平崛起的必要环节，但随着这一群体规模的不断扩大，以及结构的更趋复杂，需要在风险评估的基础上，进行有效的制度设计和政策安排，在适度引进外籍人才的同时，强化规范管理，规避潜在的压力与风险。具体包括以下三点：一是外籍人才安全审查与保密制度设计；二是职业清单的形成、引智类型的确定与配额的认定；三是血缘优先、兼顾公平的技术移民担保与直系亲属随迁政策设计（见图6-3）。

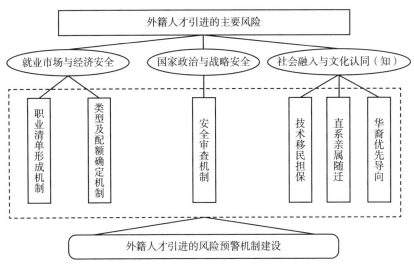

图6-3 外籍人才引进的风险管控机制

注：本图参考：高子平、张相林等2018～2020年间有关外籍人才引进的相关研究，相关论文曾经发表于《中国行政管理》《中共中央党校研究报告》。

6.3.1 恪守单一国籍的立法及修法原则

尽管《中华人民共和国宪法》《中华人民共和国国籍法》《中华人民共和国出境入境管理法》等上位法对我国的国籍政策进行了明确规定,但有人不时发出呼吁"双重国籍"的声音,甚至将国籍简单地视为吸引国外人才的某种工具,无视印度、韩国、德国等在实施所谓的"双重国籍"政策过程中的诸多严格限制。今后,需要根据在华外籍人才增加的趋势,秉持"单一国籍"的立法原则,妥善处理这一群体的居留权限及政治权益问题。比如,西方"绿卡"持有者依然保留着中国国籍,并可依据我国《选举法》享有选举权和被选举权。但是,一些西方国家将"绿卡"与国籍对接,持有"绿卡"达到一定年限者,得以自动拥有其国籍。据此,持有外国"绿卡"的人依法担任国家机关领导人员的现象在所难免,并对我国的国家安全和国家利益构成了潜在风险,需要从法理层面进行科学解释,并恪守"单一国籍"原则对存在内在矛盾的法律法规进行修订。

6.3.2 完善外籍人才使用过程中的保密制度

1983年8月24日,中共中央、国务院印发的《关于引进国外智力以利四化建设的决定》对外国专家引进与使用中的保密问题表明了政治立场,同年9月26日国务院印发的《关于引进国外人才工作的暂行规定》进一步强调,"在他们工作范围内,除国家核心机密和技术诀窍外,其他保密范围均应放宽,同时要求他们对外为我方保守机密",并要求"引进国外人才的计划、工作部署、引进渠道和各类人才的资料,属于内部机密,不得对外泄露"。针对外国专家的保密制度已经难以适应如今中国的外籍人才使用状况,集中体现在大批外籍专业技术人才和外国留学生的在华求学、工作过程中。一方面,在《学校招收和培养国际学生管理办法》的原则基础上,需要进一步明确在华外国留学生在求学过程中获取知识、信息的途径及范围;另一方面,加快"竞业避止"及商业机密保护的立法工作,防止市场化条件下的经济科技情报外泄，并进一步细化禁止外国人从业行业清单。

6.3.3 加快技术移民制度设计

在社会主义市场经济条件下，外籍人才引进可以从政府主导的政策行为逐步转化为市场主导的生产要素配置行为，并进行技术移民制度设计，借鉴美国、加拿大、澳大利亚、新西兰等传统移民国家的成功经验，对所涉外籍人士的权利与义务进行系统全面的界定与划分，在以下几个环节进行有效的风险规避：一是按照国内产业经济发展的阶段性需求及科技发展战略的落实情况，制定实施"技术移民职业清单"，限定外籍人才的从业范围。二是严格根据国内人才市场的供求状况及趋势，确定技术移民配额，涵盖包括在华外国留学生在内的外籍人才队伍，同时加大非法就业现象的打击力度。三是根据对中华文化的认知程度及与中国国民交往的紧密度，确立技术移民担保制度。四是根据国际惯例，制定实施华裔优先的技术移民政策及直系亲属随迁移民政策。

目前，外籍人才引进的政策限制一方面是基于国籍方面的考虑而设置的，另一方面是从国家安全和保密的角度来安排的。外籍人才引进中的国家战略和安全风险是极其复杂而敏感的系统性问题，要求我们从全新的经济社会背景及中华文化的特质出发，从国家利益与社会诉求的高度出发，对外籍人才引进的潜在风险进行科学评估，并在借鉴国际经验的基础上，探索切合中国实际国情和阶段性发展需求的预警机制，确保在人力资本国际配置中的主动权和主导权。

总之，对外籍人才的管理重点在于解决好如下三个问题：一是根据在华外籍人才增加的趋势，恪守单一国籍的立法及修法原则，妥善处理这一群体的居留权限及政治权益问题。二是进一步完善外籍人才使用过程中的保密制度，明确在华外国留学生在求学过程中获取知识、信息的途径及范围；同时防止市场化条件下的经济科技情报外泄，并进一步细化禁止外国人从业行业清单。三是在社会主义市场经济条件下，外籍人才引进可以从政府主导的政策行为逐步转化为市场主导的生产要素配置行为，并进行技术移民制度设计。

第 7 章

国外海外高层次人才
引进政策及对我国的启示

在世界各国的经济发展过程中，许多国家和地区都十分注重发挥海外高层次人才的作用，采取了许多吸引海外人才的措施。我国在制定海外高层次人才团队式引进政策时，可借鉴它们的经验，从而少走弯路。日本、韩国、新加坡在 20 世纪都经历了经济飞速发展的时期，创造了经济发展的奇迹，而印度在 2016 年至 2022 年间创造了平均 7% 的经济增速，这些经济发展的奇迹是与这些国家和地区实施的一系列人力资源政策，特别是引进海外高层次人才的努力分不开的。

7.1 国外海外人才引进与团队式引进的政策创新措施

7.1.1 美国经验

由于美国的经济水平和科技水平全部处于世界顶尖，因此，美国本身对人才就具有极大的吸引力，此外，再加上美国政府对人才引进的重视在全球无出其右，很久以来一直是全球高端人才的集聚之地。据统计，在获得诺贝尔奖的美国人中，有 2/3 是加入美籍的外国人才。作为典型的移民国家，美国的引进人才不仅有明确的国家战略，相关的政策机制也极其完善。由于资金充足，从政府到高校再到企业，能够给希望引进的人才提供众多优厚的条

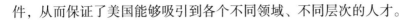

件,从而保证了美国能够吸引到各个不同领域、不同层次的人才。

7.1.1.1　政府通过制定法律法规政策吸引高端人才

(1) 移民政策支持。美国政府的移民政策并不完全唯学历论,而且,美国长期以来都会为具有特长的外国人给予特殊签证,该类型签证的作用在于,可以允许符合条件的外国人在美国从事所擅长的工作。另外,遵照"杰出人才"绿卡政策,政府可以给予人才在美国永久居留的权利,并且允许其将家属带到美国一起生活。

(2) 政府的基金支持与奖项。由于美国的资本雄厚,美国政府设立了一系列的基金、奖项。这些资金相当丰厚,但是并不提供给外国人。如果外国人想要获得资金奖励,就必须办理绿卡或者加入美国国籍,这项政策帮助美国得到了众多的国外人才。

(3) 以国际科研合作为平台,参与开发其他国家的高端人才。美国与全球 70 多个国家和地区达成了 800 多项科学技术的合作项目,而且,在大部分项目中,美国都占有资金、人力及技术上的绝对主导地位,完全可以通过这些项目平台,充分利用其他国家的人才来提供科研服务,并且美国能够在项目成果分享中占有绝对主动权。

7.1.1.2　美国高校吸引人才的方式

(1) 通过高额奖学金等,吸引外国学生赴美留学。美国的高等教育起步较晚,但是发展迅速。现在美国是拥有留学生数最多的国家。据美国国家科学基金会统计,25% 的外国留学生学成后定居美国,被纳入美国国家人才库。① 美国吸引留学生的主要原因是其大力度的留学生资助制度。1946 年 8 月 1 日,《富布莱特法案》正式成为法律,即美国公共法第 79—584 号。该法案通过提供奖学金接受各国的学生及学者赴美学习。《富布莱特法案》通过后不久又有议员提出了《史密斯·蒙特法案》,进一步充实了《富布莱特法案》。1961 年美国国会又通过了富布莱特与海斯联名提出的法案,称为《富

---

① 马晓强,崔吉芳,万歆,等. 建设教育强国:世界中的中国 [J]. 教育研究,2023,44 (2):4-14.

布莱特—海斯法案》。这些法案为美国吸引了大批人才，至今还是美国政府对外教育和文化交流的法律基础。另外，1961年，美国在夏威夷建立了东西方中心，目的在于促进亚洲、太平洋地区与美国之间的技术与文化交流。印度民众于20世纪50年代开始接受美国政府的资助留学，泰国、越南的学生于20世纪60年代开始接受资助。20世纪80年代末美国的资助重点转到了中国，20世纪90年代末资助重点又明显投向了苏联等东欧国家。

在优厚的资金资助下，大量的美国高校通过提供高额奖学金来吸引优秀的国外留学生。资金资助成为美国高校吸引国外人才的重要手段，毫无疑问，奖学金政策不断发力，为美国吸引到了大量的优秀人才，加上美国的生活条件优越，同时拥有完善的基础设施，最重要的是有良好的科研氛围，让优秀留学生难以拒绝。大多数优秀留学生完成学业后都选择了继续留美。而且，美国政府为了留下人才，规定留学生毕业后可有1年的时间找工作，STEM学科留学生可延长至3年。所有毕业生留美工作满5年后即可申请入籍。目前，约1/4的外国留学生学成后留美工作，并进入美国国家人才库。[①]

（2）通过学术交流和优越的科研条件吸引外聘专家学者。可以说，当今的美国已经成为世界的学术中心，世界各国的国际知名专家学者大多乐于去美国进行学术交流，学术交流往往是最能产生新的科研成果的活动。同时，美国有大量聘用这些优秀的国外人才的机会。同样的，这些知名专家人才的到来也促使美国的学术地位进一步提高。

7.1.1.3 美国企业对优秀高端人才的吸收引进的方式

（1）依靠高薪酬、高福利、良好的科研环境吸引人才。众所周知，美国的企业制度十分完善。优秀员工只要能够创造出优秀的业绩，将会获得高额薪酬，而且他们对人才的投资也更为充足，甚至优秀人才可能获得一定量的公司股份，很显然这样的制度对人才的吸引力是巨大的。除此之外，各大公司还为高端人才提供各种各样的福利，希望高端人才能够安心工作，不再为生计和家人担忧。无论是美国还是中国，对高端人才评价都很高，高层次人

---

① 潘庆中. 国际人才引进、激励、融入战略探析［J］. 人民论坛·学术前沿，2021（24）：33 - 41.

才们普遍拥有很高的社会地位，较高的社会地位带来的激励效果也同样利于高端人才工作成绩的突出。

（2）创办各项竞赛，吸引高端人才。目前很多美国大型公司都喜欢在我国设立各项竞赛，借此进行人才选拔。而且，对于公司看重的人才，美国公司将会展开游说，花费大量精力说服他们加入美国企业。这一措施使得美国公司能够寻觅到很多优秀的人才。

7.1.2　新加坡经验

新加坡国土面积小，自然资源匮乏，立国之初超过一半以上的人是文盲，但是它却凭借短短几十年取得了全球瞩目的成果。新加坡的成功很大一部分得归功于它历来对于人才的高度重视。事实上，外来人口对新加坡发展的重要程度之大可以通过人口比重反映出来，据统计，2023 年 9 月，新加坡人口总数为 592 万人，其中公民人口和永久居民分别有 361 万人和 53 万人。而非居民人口有 176 万人，约占总数的三成。① 根据《新加坡人口白皮书 2013》的规划要求，到 2030 年，新加坡从事管理、行政和技术类工作的中高层次国际人才占比要达到 2/3。

总结新加坡的引才经验，主要有以下四点。

第一，建立专门机构，发挥国家猎头的作用，负责人才的引进工作。新加坡国立发展局和人力部共同成立新加坡国家猎头公司"联系新加坡"（Contact Singapore），在澳大利亚、中国、欧洲、美国、印度等地设立了 8 个国家级办事处，而且这些联络处还定期举办新加坡职业博览会，进行全球巡回展出并现场招聘，为有意到新加坡发展的国际人才提供一站式服务。

第二，为人才创造良好的工作环境。建立新加坡国际资金，资助各国人才来新加坡创业、经商、访问。每年批准约 3 万名外国人成为新加坡永久居民，同时建立起一套基于市场价格机制的技术类工作签证制度（见表 7 - 1）。针对"外籍顶尖人才群体"，2023 年 8 月 29 日，新加坡宣布了新的工作签证

---

① 新加坡人口及人才署.2023 人口简报［EB/OL］.（2023 - 09 - 30）.https：//singaporegateway.com.

规定。新规包括：对月收入不低于 3 万新元的外籍人士发放 5 年期工作签证"顶级专才准证"（简称 ONE Pass）。允许其同时创办、运营或供职于多家公司，并允许其配偶获得工作资格。未达薪资标准的艺术文化、体育、科学技术、学术研究领域的优秀候选人，也可申请获得前述工作签证。根据《全球人才流动特点和自由贸易港（区）的人才政策》中对新加坡的分析，新加坡政府非常注重人力资本投资。重点加强高等教育和高级科研人才的培养和职业培训。此外，新加坡还采取了以政府拨款作为研发基金的措施，鼓励私人企业积极参与研发活动，重新训练和培养企业原有的科研人才。这些政策措施为海外人才提供了良好的工作环境，会吸引更多海外人才来新加坡工作。

表 7 – 1　　　　　　　　　新加坡技术类人才类型及签证规定

许可类型	人员类型
S 签证	中等技能人力资源，基本月薪至少 1800 新元
就业签证 P 协议	P1 签证：月基本薪酬 7000 新元以上，且具有专业经营、管理、特殊岗位者
	P2 签证：月收入在 3500 新元以上，从事专业、经营、管理和特殊岗位，具有认可的大学文凭
Q1 签证	月薪必须超过 2500 新元，且拥有新加坡认可的大学文凭

第三，积极联系发达国家的知名高校，积极聘用国外学者到新加坡任教，大力吸引国外人才到新加坡留学、就业。

第四，重视环保与城市景观。新加坡被建设成为花园城市，吸引了更多寻求优美环境的高层次人才。

7.1.3　印度经验

从 2003 年开始，印度的海外人才开始大规模回流，4 年内回流到印度的科技人才已经超过 3 万人。根据世界银行发布的《2023 年移民与发展简报》显示，印度是获得汇款最多的国家，达到了 1250 亿美元，并且排行第一。从

2005 年至今，印度一直保持着全球最大的汇款接收国的地位。其向好的人才回流趋势，是印度政府不断努力的结果。[①]

第一，建立海外人才专家数据库，重点关注那些印度急需的人才，印度政府可以相对有效掌握海外人才的分布，选择性地与某些人才保持联系，准备回流引进。

第二，以感情打动印度裔人才。印度政府通过每年举办一次"海外印度人日"争取到了海外印度裔人才回国建设。如此增强民族凝聚力的政府行为，不仅收到超出预期的引才效果，也极大地增强了印度的国际影响力。

7.1.4　韩国经验

20 世纪 60 年代末开始，韩国长期面临着比现在中国更为严重的高层次人才流失的问题。但是韩国政府一直十分重视高层次人才的流失问题，并为此作出了长达 30 年的努力，人才外流情况迅速改善。韩国在 1995 年的公布的瑞士洛桑国际管理学院"人才外流指数"评价中，得分很高，成为全球排名第 4 的人才流入国。

1988 年汉城奥运会后，韩国迎来全面人才回流，直接导致了 20 世纪末韩国的产业升级。总结起来，韩国政府的引才政策主要有以下几个方面。

第一，成立国家级的高科技研究院吸纳海外科研人员。20 世纪 70 年代过后，韩国就建立了韩国科学院和大德研究城。依托该两类机构，韩国大量吸纳了海归博士等高层次人才，被誉为"韩国硅谷"。

第二，允许保留双国籍，并加强科技外交，推进国际合作。一是联合发达国家建立共同研究机构；二是政府和企业都主动"走出去"设立大量研究机构；三是吸引世界各国的组织在韩国设立研究院等机构。

第三，建立完善海外专家协会、联络站、人才数据库。保持与海外高层次人才的长期联系，积极号召海外的高端人才归国搞短期科研项目。

---

① 世界银行. 移民与发展简报［EB/OL］.（2023－06－20）. https：//finance. sina. com. cn/tech/roll/2023－06－20/doc－imyxwqvs8512715. shtml.

7.1.5　政策归纳

事实上，纵观美国、新加坡、印度、韩国在引智方面的成功经验，其中之一就是团队引进。就美国而言，经典案例是第二次世界大战后期将德国航空航天领域的科学家整建制运往美国；印度的基础设施建设薄弱，更加重视借助于海外校友会、海外技术移民专业社团等途径，通过引进海外科技精英回国进行项目合作，或者开展博士后研究等，在斋普尔、班加罗尔等地形成了科技海归较为集中的"little hut"。如今，随着国际人才流动趋势的日益明显，团队式流动已经成为不可忽视的一个重要方面和方式。为此，英国德蒙福特大学生物医学研究部主任王伟在接受采访时说："在英国的中国留学生有许多可以合作项目，可以以团队的形式成批回国，和国内搞合作开发，走产业化的道路。"[①] 通过团队回国创新创业所建立的业务在市场化运作效率等方面有着其他归国留学生所无法比拟的优势。归纳这几个国家和地区实施的政策，主要集中在以下几个方面。

7.1.5.1　设立专门机构辅导创业

韩国专门成立了科学技术部负责人力资源开发事宜。印度则在主要发达国家都建有引进海外高层次人才的专门机构。

7.1.5.2　建立海外高层次人才档案

韩国政府出资在美国、德国、英国、法国和加拿大等国建立了韩国籍高层次人才之间的广泛联系。印度政府则投资创建了"科学人才库"，负责接纳愿意回国工作的印度人并为他们安排工作；并在主要发达国家都建有专门机构，建立了海外专家人才库，查明海外的人才数量，对于在前沿领域工作，能为印度重点项目解决难题的人才给予特别重视。

---

① 高子平. 海外科技人才的团队式引进［N］. 东方早报，2013 – 04 – 02.

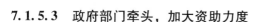

7.1.5.3 政府部门牵头，加大资助力度

外国政府对回国留学人才的资助，主要在五个方面：一是建立吸引海外高层次人才回国工作的专项资金；二是资助学术研究和技术开发；三是资助回国的旅费和安家费等；四是给予定居生活津贴、工资和收入补贴；五是资助短期回国学术交流。如韩国政府为回国的科技人员提供了回国的旅费、搬家费、住房费、子女教育津贴和国内教育津贴。印度为科学家创造的良好环境包括：允许回国学者引进科研仪器设备和资本货物，免税额达到 5000 美元，政府支持为归国科技人员建立专门的住宅区等。此外，印度"科学与工业研究理事会"专门设置了政府基金等。

7.1.5.4 建立科技园区，优化创业环境

韩国创办了大德科技园区，制定了《技术开发促进法》等，对于留学人才的技术采取了多种优惠政策。印度政府投资 1.25 亿美元专门划拨 250 英亩土地建设科学城，作为海外人才回国工作、为国服务的永久性基地，举办多种海外人才科技创业营。

7.1.5.5 完善立法构建良好制度环境

这些国家或地区还通过完善的法律法规，为人才的培养、引进和使用创造了良好的环境基础。对人才队伍的建设起到了积极的保障作用。

7.2 国外引进海外人才的政策比较

7.2.1 管理模式

除美国以外，新加坡、印度、韩国的人才引进都是由政府主导，同时一定程度上发挥了企业等用人主体的作用。美国政府主要负责制定完善政策，而高校、企业各有自己复杂多样的引进措施，形成了网状的引才机制，十分

完善。造成这种差异的原因主要有两方面，一是美国从建立之初就是一个移民国家，有两百多年的接纳全球移民的历史经验，足以形成其完善的引进人才体系。二是美国作为经济高度发达的大国，科研院所、高校、企业等在世界上都赫赫有名而且实力雄厚，使其有能力支撑这样的网状引才措施。

但是，新加坡、印度、韩国的政府主导模式，又有所不同。很显著的一点就是新加坡的政府力量更强，为了引进各国人才，采用的方法也比较多。包括打造国家良好形象，积极主动与各国高层次人才进行情感联络，同时派出强大的国家级别的猎头集团，等等。韩国政府主要善于进行科技外交，设立国家研究院等。由于政体原因，印度政府所掌握调动的资源并不大，因此印度政府结合自身优势，善于打情感牌，吸引印度裔高层次人才归国。

7.2.2　对象定位

美国的人才引进对象更加广泛，包括高端高层次人才、外聘专家、留学生、创业人才、优秀雇员等。此外，美国引进的高层次人才，追溯其国别、民族来源，几乎遍布全球的所有国家。新加坡、印度、韩国三国中，新加坡的引进对象以华人为主，但是逐渐对其余发达国家人才的吸引力开始增强。而韩国和印度，主要是为了应对本土人才流失严重的情况，引进的对象主要分别是韩裔和印裔的美籍高层次人才。引进对象从行业类别和人才类别而言，较为广泛的为美国，其次为新加坡，主要针对高端高层次人才和创业人才。总体看来，印度和韩国政府由于各方面的综合原因，引进的主要对象集中在拥有当地血统的美籍高层次的科技创新人才。

7.2.3　经费来源

美国的政府、科研机构、企业都有较为充足的资金，但科研机构、企业是引才经费来源的主体。美国政府主要从政策法律制定上予以支持，而且政府的资金支持提供范围较小，只针对拥有美国绿卡的人员。总的来说，美国的引智资金，除了少部分是政府政策性的注资之外，大部分的资金完全以市场化的运作方式筹集，能够提供丰厚奖金的高校，几乎都是私立高校，更不用说作为市场重要构成元素的企业了。新加坡、印度、韩国的引进人才的经费来源主要是政府。不过，由于国家财力和政治制度方面的原因，新加坡政府所能掌握调动的资金是远超印度政府的，因而其引智经费更为充足，引智政策涉及的方面更为完备，而韩国政府处于二者之间。

7.2.4　政策法规

美国的相关政策法规和引进人才的机制都最为完善，涉及了"居留政策""移民政策""创业政策""留学政策"等，完全形成了"网"状的人才引进政策运行机制。政府、高校还有企业各自有一套自己的引才机制，并且都相对比较成熟，除政府之外，高校和企业的引才机制主要靠市场化运作。三者之间的互补程度比较高。新加坡的引才政策体系涵盖的方面也相对比较完善，既有其强大的引进人才的机制，也有其配套的移民准入机制。新加坡的基本国家政策侧重运用"国家猎头"和"跨国公司本土化"战略的意图都十分明显。韩国和印度两国仍然处于依托政策形成需求的人才重点引进突破的状态。

7.3　国外海外人才引进政策对我国的政策改进启示

在对以上几个海外人才引进政策案例的比较分析的基础上，综合分析了其他国家的引才政策的创新举措，同时，针对目前我国在海外人才引进工作中的不足之处，笔者认为，对我国海外人才引进的政策改进启示有以下几个方面。

第一，对"移民入籍"制度方面的启示。纵观世界各大人才强国，无一不将移民入籍作为人才争夺战中的有力武器。美国1952年、1965年、1990年，先后出台了三部《移民法》，成为全球高层次人才移民美国的最基本的法律基础，也是美国长期在人才战争中成为赢家的重要原因。可以说，移民入籍制度是能否真正将外国高层次人才长期性、永久性吸纳为我所用的重要制度。因此，我国应该加快推进入籍制度相关方面的立法工作。

第二，对留学生制度方面的启示。发达国家对外国"优秀留学生"有丰厚的奖学金制度和挽留制度。虽然看上去是拿本国的资源"便宜"了外国人，实际上，大量的留学生也带来了大量的教育创汇收益（如英国、澳大利亚等)，很多留下创业的留学生为本国人民创造了大量的就业机会。同时，全球的留学生带来了丰富的全球校友人脉网络，留学生大国逐渐成为全球的学术交流中心，并且成为储备财富。我国应规范完善海外留学生制度，建立对优秀留学生的挽留和研究、创业支持制度。

第三，对其他方面的启示。诸如以新加坡为代表的国家猎头制度和跨国公司本土化制度；以韩国为典型的重视运用学术交流和国际合作的战略制度；还有一些国家，将民间非正式组织的引才工作规范化、制度化的政策。这些对我国的海外人才引进的政策改进来说都是重要的学习参考和启示。

第 8 章

我国海外人才团队式引进的
政策保障与机制创新建议

长期以来，我国学术界在研究吸引海外人才回流问题时，主要关注两个方面：一是政策吸引的力度；二是发展环境的约束程度。《中国留学发展报告（2022）》显示，2016～2019 年，中国出国留学人员学成回国占比近八成（79.9%），留学回国人员年均增幅达 11.7%。而 2020 年以来，活跃求职的归国海外留学生较 2019 年同期增加了 58.19%。留学回国人才的规模持续扩大，预示着我国已经进入了海外人才大规模回流的新阶段。这就必须在充分考虑这一群体与本土人才之间的关系变化、市场经济全新发展阶段的制度建设需求的基础上，从努力提供政策优惠转向大力营造制度及环境优势。在海外高层次人才的引进工作中，不仅要分析人才与发展环境的关联性问题，而且要根据我国海外引智工作的历史经验和创新型国家建设的阶段性目标，侧重研究海外高层次人才引进后的工作冲突、团队建设现状及团队建设的政策需求，完善我国海外高层次人才的团队式引进方式。

针对我国基础性研究和重大前沿领域的前瞻性研究需求，在全球范围内遴选重大科研团队，实施整建制的引进，在引进目标群体需求、国际人才环境等方面都是可行的。相关调查数据显示①，超过四成的受访者面临着强烈的团队建设需求，明确表示没有团队建设需求者不足四个百分点。正是强烈

---

① 吴江，张相林. 我国海外人才引进后的团队建设问题调查 [J]. 中国行政管理，2015 (9)：78－81.

的团队建设的实际需求，说明在探讨科研环境问题时，不能简单地从行政化的消极后果出发，而必须从人才集聚与才智发挥的自身规律出发。自金融危机以来，人力资本国际流向发生了重要变化，总体趋势是对中国等新兴经济体有利。北京、上海、广东等发达省份可以率先出击，重点选择新能源、汽车制造、新材料、海洋装备工程等领域，进行跟踪和整建制引进。中国留学生群体庞大，海外华人在部分领域有极大影响力，形成了一定数量的工作团队，是我国海外人才引进目标的潜在对象。有分析指出"仅在美国的华裔高端人才就至少是中国大陆高端人才的 11.5 倍"。例如在举世闻名的美国"硅谷"，由华人控制的硅谷高科技企业大约占 1/5。① 改革开放以来的 40 多年，中国大陆大约有超过 1000 万华人移民或滞留海外。中国新移民的人数相当于从明末到第二次世界大战结束 300 年间中国迁移到世界各地的总人数。而千万华人新移民中，大约有 1/4 聚集在美国，美国是中国新移民的主要聚集地，中国也是美国最大的移民人口输入国。②

8.1 强化政府统筹与管控，进一步发挥市场和用人主体的作用

党的二十大报告提出"构建高水平社会主义市场经济体制，坚持和完善社会主义基本经济制度，毫不动摇巩固和发展公有制经济，毫不动摇鼓励、支持、引导非公有制经济发展，充分发挥市场在资源配置中的决定性作用，更好发挥政府作用。"二十大报告这一重要论述坚定了社会主义市场经济改革方向，明确了构建高水平社会主义市场经济体制的重点任务。市场在人才资源配置中应该起基础性作用和决定性作用，海外人才引进工作，既要更加突出市场作用，也要进一步强调更好发挥政府作用。

---

① 吴江，张相林. 我国海外人才团队式引进问题研究 [J]. 政府管理评论，2016：77 – 89.
② 刘栋. 中国新移民在美国：高学历成敲门砖，刻板印象隐性歧视仍存 [EB/OL]. (2021 – 06 – 03). https：//baijiahao. baidu. com/s？id = 1701495282410809225&wfr = spider&for = pc.

　　党的十八届三中全会提出的"使市场在资源配置中起决定性作用"，其主要功能是指市场机制决定的资源配置方式。在所有经济活动中，最根本的问题是如何最有效地配置资源。由市场决定资源配置的主要长处在于：作为市场经济基本规律的价值规律，能够通过市场价格自动调节生产（供给）和需求，在全社会形成分工和协作机制；能够通过市场主体之间的竞争，形成激励先进、鞭策落后和优胜劣汰机制；能够引导资源配置以最小投入（费用）取得最大产出（效益）。①

　　尤其重要的是，由于各地政府和行业在人才引进中普遍存在无序竞争、重复引进甚至浪费现象，政府必须加强和优化公共服务，维护和规范人才引进政策和程序，并通过人才发展规划、经济发展规划、税收、社会保障、转移支付等手段进行合理调节，防止人才引进中的"市场失灵"，促进人才引进工作规范、程序公正和高效。各级政府职能部门也应该努力提高服务意识，转变工作作风，改善组织发展环境，营造更加良性的团队建设氛围，提高我国的海外人才吸引力。依据本次的调查发现，影响团队合作的因素很多，但主要集中于工作环境、人际管理、管理制度与管理文化等。接近60%的受访者认为，组织发展环境和管理文化一般或者较差。留学回国人才对于团队合作情况的评价总体不高，30%以上填答者明确表示满意。这说明，如何改进组织发展环境，应该成为我们加强海外人才团队建设的重要工作之一。2/3的留学回国人才不同程度地面临着工作冲突的困扰，严重影响到该类人才对于国内发展环境的再适应，这一数据具有高度警示意义。当前对人力资本国际流动的研究，从宏观层次主要分析国民经济和世界经济结构及国家移民政策等因素对人力资本流动的影响。我们需要在大环境总体稳定的背景下，探索团队合作提升路径，进一步开发留学回国人才的聪明才智。海外人才对国内的发展环境总体满意，但是不满或不适应的方面也非常多，我们需要根据科技创新工作的实际需要，为领军人才自主建立并管理团队提供必要的便利条件。

---

　　① 魏礼群. 正确认识与处理政府和市场关系［J］. 全球化，2014（4）：5－13，132.

8.2　推进面向新时代需要的人才引进制度建设和制度创新

8.2.1　调整现有政策的制约因素，创新团队引进制度建设

结合前文的案例统计分析结果和各文献梳理，团队式引进政策与机制需从以下几点寻求创新突破。

第一，加快海外人才团队式引进与管理的政策法规体系建设。目前国家层面有海外人才个体引进的各项政策法规，但缺乏专门针对团队式引进与管理的政策法规。对吸引海外人才回归的计划、规划，所有的措施均以法规或专案的形式确定下来，使之具有较高的权威性。同时，在经济发展的不同阶段，采取不同的对策，对政策法规加以调整，使之对海外人才更有吸引力[①]。以《国家"十四五"期间人才发展规划》和各地"海归人才落地政策"为指导，在加强法制环境建设的同时，营造良好的社会环境，提升社会诚信度和行政管理能力，从而创造良好的制度环境，切实为海外高层次人才打造良好的发展空间与职业前景。

首先，应尝试研究制定海外人才团队式引进管理办法。从法律上规范海外人才团队式引进方法，并为外国专家在华的工作提供保证，对生活环境提供方便。这不仅维护了国家主权和信息安全，还保护了海外人才的合法权益。其次，应加快推进海外人才最为关注的"知识产权保护"和"税收优惠政策"方面的立法。广东案例的调查统计结果表明，海外人才普遍对该两个领域的重要性评价程度较高。

第二，建议放宽外国人在中国永久居留政策，同时推进移民与出入境便利政策的施行。国际人才流动的新环境导致一种不同的范式，通过这种范式各方（来源国、目的地国家以及个人本身）都可以从这个过程中获益，对这

---

①　课题组. 我国海外人才回流的动因分析 [J]. 软科学, 2004 (5): 58-60.

个过程最恰当的描述是"人才环流"。在某种程度上，这些国际流动的人员保持着与母国的联系，这使流入国和流出国都从中受益。流出国主要通过汇款、海外投资、网络获取知识和经验及通过成功海归的流动获得创新和创业能力。流动性促进人才的发展。全球性心态、网络和创新能力的特点是，如果这种国际流动和人才循环被抑制，有创造力的人才就无法获得充分发展。①我国在2004年出台过类似于中国的绿卡制度，即《外国人在中国永久居留审批管理办法》，虽然是重要的突破，但是很多方面都不完善，而且没有形成一套完整的体系。中国不仅要有一套人才引入制度，同时建立完备的人才准入制度也必不可少。入籍制度、永久居民制度、签证制度等，在当今世界主要发达国家已经是一套成熟的体系。同时，也是它们争夺全球高层次人才的有力手段。中国要想在世界的人才争夺战争中不落下风，建立一套类似的体系必不可少。

第三，政府要充分放权，同时加强监管，要进一步发挥市场配置机制在团队式引进工作中的作用。人才引领发展中还面临着一系列自身体制机制性障碍，必须坚持人才本位的治理思想，通过深化改革，放权松绑，确立人才市场主体地位，把人才从繁文缛节的管理体制桎梏中解放出来。②要逐步改变当前以政府为主导的海外人才引进机制，要激发各个用人主体在海外高层次人才团队式引进中的作用。当前引进海外高层次人才的用人主体主要是高校和科研机构。而企业在海外高层次人才引进的过程中远未达到其应有的作用。企业是最新科技成果迅速变成生产能力的孵化器。鼓励海外高层次人才创新团队进入企业成长，要经得起市场考验，能产生经济效益、能够成长起来的高层次人才创新团队才是合格优秀的团队。要逐步把企业推为海外人才引进的主体。

第四，探索建立适用于海外人才引进的商业保险制度，积极引入商业保险机制为引进的人才提供生活环境方面的便利。宜居的生活环境，完善的配套设施是吸引高端产业人口的必要条件。针对海外人才团体完善商业保险制度，提高宜居宜业程度，吸引更多的高端人才来就业定居，形成团队式人才

①② 吴江. 构建城市人才竞争力的治理优势［R］. 2018.

资源优势。进一步优化经济社会环境，创造良好的团队合作氛围。

第五，适当发展生产性服务业，为海外人才提供生活环境的便利，提高宜居宜业程度进一步吸引海外人才。服务于人的城市环境本身是至关重要的。宜居的生活环境，完善的配套设施是吸引高端产业人口的必要条件。探索建立适用于海外人才引进的商业保险制度，结合各地实际情况适时地引入并发展生产性服务业，如房地产服务、法律服务、商业服务、咨询等行业，通过生产性服务业进一步提升产业结构的高度，吸引更多的高端人才来华就业定居，形成团队式人才资源优势。进一步优化经济社会环境，创造良好的团队合作氛围。

第六，积极搭建事业平台，引导和支持优秀人才向重点产业集聚。通过搭建事业平台，创新载体，引导和支持集中于高校、科研院所等领域的优秀人才向先进制造业、高新技术产业、现代物流业、文化旅游业、现代农业等"六大重点产业"集聚。大力实施国家级人才计划、"百人计划""楚天学者计划""3551光谷人才计划"等各类科技、人才项目，引导人才直接服务于产业发展。出台有利于引才、人才优势转化的政策体系，例如财税金融优先保证政策、人才创业服务政策、知识产权保护政策等，促进引才平台搭建。同时，建设人才公共服务工程，整合全国人才信息资源，建立社会化、公益性、开放式、覆盖广的人才资源信息共享机制。加强人才信息网和数据库建设，打造高效、互动、便民、安全的人才资源公共信息平台和服务平台，建立上下贯通的各级人才网，有利于各项引才计划和工程得到更好的推介和宣传，促进全国各省（区、市）的人才工作。

8.2.2 面向国内外政治经济新常态，既要重视人才引进，也要重视人才保持

目前，全球范围内的高层次人才的竞争越来越激烈，人才引进与人才流失同等严重和同等重要。一方面，优秀的人才引进难度加大，很多人才回不来；另一方面，国内很多优秀人才开始移民国外。例如，《世界移民报告2020》显示，中国是2019年世界第三大国际移民来源国，居住于中国

以外的中国移民人数为 1070 万人。输入国方面，自 1970 年以来，美国一直是国际移民的主要目的地国，移民数量从当年的不足 1200 万人增至2019 年的 5070 万人。此外，阿联酋、土耳其和泰国等新兴国家也进入移民目的地排名。

我们面对的形势越来越严峻，尤其是精英人才流失对国家的建设是不利的。要把握好海外人才"回流"机遇，积极宣传党和国家引进外国人才的方针政策，为海外科学家在华工作提供具有国际竞争力和吸引力的环境条件，给"回流"的海外人才搭建充分施展才华的舞台，健全相关管理服务保障政策，让"回流"的海外人才"来得了、待得住、用得好、流得动"。[①]

随着我国国际化程度的逐渐加深，来华留学生教育呈现快速发展的态势。奖学金制度作为留学生制度的重要组成部分，对来华留学生教育、我国教育国际化具有导向作用。而我国的政府奖学金制度却存在诸多问题，需要政府职能部门转变观念，化被动为主动，丰富奖学金种类，调整奖学金生结构，扩大覆盖面，提高资助额度，不断深化货币化改革，以吸引海外优秀人才，增强我国文化软实力，提升国际竞争力。

此外，现有的人才政策面向团队引进的内容还比较薄弱，政策可操作性不强，也是下一步人才政策制度改进的重点方向。

8.3　加快转变人才工作思路，重引进更重管理，推动人才管理模式创新

未来 30 年人才发展面临的主要挑战将是国际上的激烈竞争，而我们许多方面还停留在传统的管理思维和方法之中，很不适应国际环境下人才争夺的规律性特征，必须以新理念新方法构建具有国际竞争力的制度优势，推进我国人才发展治理体系走向现代化。[②] 地方政府要不断推进管理模式创新和优

---

① 田丰. 把握好海外人才"回流"机遇［N］. 光明日报，2020 – 09 – 15.
② 吴江. 构建城市人才竞争力的治理优势［R］. 2018.

化，转变引智思路，从简单地追求数量和规模转向明确经济科技发展的重点领域、努力引进高层次人才团队。调查发现，引进的海外人才的团队建设期望受留学年限、学科分布、学历学位的影响。越是留学时间长、学位高的人才团队，合作需求高，合作态度好，越是渴望有更好的团队。理工科更加强调团队建设。针对如何建立团队存在各种观点，但总体上都倾向于发挥和进一步凸显个人地位或者获得独立的组建团队的权力。海外人才的这种心理特质和文化倾向已经开始影响到现有的组织管理形式，推动着管理模式的创新和优化。为此，引智工作必须严格按照地方经济科技发展的实际水平及需要，在严密论证之后，优先选择几个主要领域，有针对性地进行海外人才引进，并鼓励整建制回流或小团队引进。从2008年开始的中央人才计划，针对重点紧缺领域的高精尖人才的引进工作，到如今已经初步见成效。

8.4 建立科学的风险评估与预警机制，加强团队式引进的风险管理

海外人才的引进存在多种管理难度和风险，应该重视建立和完善海外人才引进过程的风险评估与预警机制。从现有的调查与结果及我国海外人才的实践来看，引进的人才总体上是好的，推动了我国经济社会发展，但是，一部分海外人才缺乏合作意识，环境再适应能力不强，工作过程中产生的问题很多。加快引进速度的同时，更要注意加强风险管控研究，建立和完善我国海外人才引进的风险管理机制。乔治敦大学国际移民研究中心主任林赛（2001）认为，对于外籍人才的引进，尤其是本族裔外籍人才，不宜急功近利，还是慢慢地重新参与经济社会化进程会比较好。英国牛津大学教授斯蒂芬·伏特维克（2002）认为，发展中国家也应该充分抓住机会利用技术移民网络，有效促进跨国科技合作还有国际商务往来，同时，要有效防止技术移民网络蜕变为国家安全体系的"漏洞"。英国苏塞克斯大学教授罗恩·斯凯尔顿（2005）认为，很多发展中国家移民政策存在着矛盾，而且这些矛盾主

要是法律法规的不完善所导致的，他的观点是，实际上对于发展中国家而言，技术移民带来的风险更多，而且更主要的是防范的难度也更大，未必是件好事。国内学术界的相关研究很少，高子平（2013）认为，要从国家政治与战略安全维度、就业竞争与经济安全维度、文化认知（同）维度、社会融入维度，共四个维度进行风险评估，并提出了预警机制设计的几点建议。

结合前文的风险权重的评估分析，以及当前我国经济结构和人才结构都处于转型的关键时期的大背景，本书建议采取积极的风险管理方式，即以风险转移方法为主，风险自留和风险回避方法相结合的处置方式。

第一，主要采取风险转移方式，对海外人才团队式引进过程进行有效的风险管理。主要通过设定保护性合同条款、第三方担保、保险，三种风险转移方式。

（1）设置保护性合同条款。设置保护性合同条款即在合同签订阶段通过设定保护性合同条款将风险转移给合同对方。在签订引进合同之时，对引进后现实绩效方面的某些关键指标的达标数值在合同中予以规定，如对成果数量、质量，经济效益，本土核心人才培养等方面予以商议规定。利用合同的保护性条款降低或规避某些风险的转移成本相对较低。隐形的转移费用支出，是有效降低转移风险成本的重要方式。

（2）第三方担保。通过保证担保，将风险转移给担保人。一般而言，担保可分为信用担保和财产担保，笔者认为，海外人才团队引进建议采取信用担保和财产担保相结合的方式。在广东案例中，每个寻求资金援助的引进团队都需要有至少两名国内外知名专家的推荐建议。这其实是信用担保的一种方式，推荐人以个人信用作担保，承担了一部分引进人才过程中的风险。笔者认为，该种担保方式可进一步扩展为单位推荐，单位担保可以用该单位的部分财产质押担保，承担引进人才过程中的风险。

（3）保险。通过选择有关险种，将引进人才措施的风险转移给保险公司。与上述两种风险转移方式相比，保险转嫁风险的权责明确，效率最高。国外企业、政府等采取保险转移风险的方式非常普遍。在遵循保险法规的前提下，由投保方和承保方双方商定具体的保险合同项目和责任以及保险费用。对于海外人才引进而言，该种方式虽然付出的费用最高，但是引进主体和被引进主体的风险转移程度也是最高的。

第二，采取风险自留的方式，对海外人才团队式引进过程进行有效的风险管理。笔者认为，对于主动自留风险要勇于承担，对于被动自留风险可采取风险准备金制度等方式积极应对。

主动自留风险，特别专指那些经过估算确认风险程度较小，决定主动自留的，就算发生风险也对总体不会造成太大影响，通过采取内部管理措施等能够化解的风险。在海外人才团队引进过程的适应性风险中，人才计划方面的政府投入、服务保障等，这些因素的风险，可以在引进过程中不断改进完善、控制，将风险化解。

被动自留风险，主要指某些无法回避或转移的风险，最终无奈之下只能被动留存下来。对于这类风险，可从财务的角度，为风险筹集备用准备金，拟定计划，然后另外增加一笔风险预备费用。在海外人才团队引进过程的适应性风险中的经济环境方面，成长性风险中的市场前景等方面，即便引进团队的各项工作完成得十分出色，创新绩效超越预期，但是当大的行业经济环境、市场环境不景气，团队合作再出色也仍然无法抗拒大环境因素。这些因素的风险应对，可通过建立风险准备金制度等风险自留方式在一定程度上化解。

关于风险准备金的计算：风险准备金 = 风险损失 × 发生概率估计。风险准备金的筹集，建议通过两种方式：一是直接在引进人才的总资金中划拨一定百分比作为风险准备金。二是在被引进的主体中推广建立风险共担策略，各主体商议后在援助资金中拿出一定百分比建立风险准备金。

第三，采取风险回避的方式，对海外人才团队式引进过程进行有效的风险管理。即主动放弃和终止承担某一个任务，从而避免承担风险。多数情况下，这是一种消极的风险处理方式，而当前我国经济结构和人才结构都处于转型的关键时期，因此，应更多地采用风险转移、风险自留等积极应对的风险处理方式。但是，这仍然是某些情况下，风险管理的一种有效的方式。在海外人才团队引进过程的匹配性风险和成长性风险中，如果对现实绩效的评估、产业发展带动等指标的评估结果确实过低，既无现实价值也无未来价值，应按照相关流程终止该团队工作，从而能够回避更大的风险损失。

以上就是全部的风险管理办法。其中风险转移方式主要通过前文所论述的设定保护性合同条款、第三方担保、保险这三种方式进行风险转移。对于主动自留风险要勇于承担，对于被动自留风险可采取风险准备金制度等方式积极应对。在某些情况下也可采取风险回避方式，按照相关流程终止团队工作，从而回避更大的风险损失。

8.5　加强团队引进的组织管理工作，优化团队引进绩效评价系统

人才评价是人才集聚的基本环节，不同层次、类型的人才需要与之匹配的人才评价指标体系和流程，我国目前的高层次人才引进工作中缺乏统一、规范的评价机制，如此则难以对海外高层次人才进行人力资本定价。这就需要设计一套海外高层次人才在资质、职称及专业技能等维度的评估要素，并由高层次人才资源从业者、心理咨询师、企业高管代表组成智囊团，提供高层次人才在社会环境、心理资本因素等维度的评估要素，依据科学、合理的人才评价指标，构建公正、客观的第三方评价机制。[①]具体来说，要做到以下三点。

第一，建立监测评估的长效机制。对海外人才团队进行科学合理的岗位绩效评价和成果评估，坚持评估方法的相对客观，同时具体的指标设计可根据实际情况设置。

第二，在评估周期的选择上，建议建立以年度评估、中期评估与终期评估有效衔接的评估模式。

第三，对于参与评估的主体，建议同时形成以第三方评估为主，自我评估、社会评估为辅的评估机制。总之，评估需要常态化，建议建立一套指标、两级联动、多方参与的评估动态网络体系。广东案例给当前海外团队引进的评价提供了很好的参考，但是否值得推广还有待商榷。建议评价主体以第三

---

① 高子平. 上海自贸区建设与海外金融人才引进的制度设计［R］. 2015.

方为主，而且，评价不应只考虑学术成果、项目立项等方面，需对其所创造的综合效益等进行衡量。

8.6 改革人才评价和激励制度，构建面向团队兼顾个人的激励机制

建立充分体现团队贡献价值的收入分配激励机制。第一，通过设立团队风险创业基金、科研奖励基金等措施，吸引并资助、奖励来华创业的海外人才。第二，降低高层次人才来华工作团队人员的个人所得税率，出台税收优惠政策，建立以家庭为单位的个税征收制度。第三，建立对特殊高端人才团队的津贴补助机制，包括家庭福利、交通补助等。第四，建立一套有国际化的人才团队进入的待遇接轨和衔接机制。要想从制度上接纳吸收海外高层次人才，必须有一套合理的人才待遇的国际化衔接制度，建议建立政府、企业等与外国同等级的领军人才和人才团队引进后的对应的待遇接轨制度，解决人才进入问题。第五，建议引进的海外人才团队专家的薪酬可由年薪＋绩效＋特别奖共计三部分组成。年薪与绩效的概念众所周知，特殊奖金由作出重大贡献者得取。其中，固定年薪所占收入比要合适，保证在国际上有一定基本竞争力。但不宜太高，以免影响现实绩效奖励的激励效果。

除薪资方面的激励外，还需要完善出入境和长期居留、税收、保险、住房、子女入学、配偶安置、承担重大科技项目、政府奖励等方面的特殊政策，保障人才的生活，使之没有后顾之忧。另外，加强人才项目动态管理和高层次人才跟踪服务。对入选国家人才计划、"百人计划"、"3551光谷人才计划"等三级计划的人才项目实施动态管理，通过上门走访、专题座谈等形式，及时了解人才项目的进展情况和人才需求情况，帮助解决高层次人才在生活和创业过程中的实际困难。同时建立健全与社会主义市场经济体制相适应、与工作业绩紧密联系、充分体现人才价值、鼓励人才创新创造的分配激励机制。

8.7　建立海外人才资源库，重视数字化赋能

8.7.1　既要重视海外人才，也要重视在华留学生群体

我国要引进的高层次海外人才按照地域分布，包括海外高层次人才和在华留学生群体两个部分。这两个群体同等重要，不能厚此薄彼。来华留学生群体应该成为我们人才引进关注的重点之一。

20 世纪 40 年代以来，外国留学生教育是高等教育国际化的重要组成部分，是衡量国家教育水平的重要标准，是国家对外开放程度的具体表现，更是不断吸引海外人才、促进经济文化发展的重要途径。因此，近年来世界各国制定相关政策，扩大留学生规模、吸引海外人才。20 世纪 80 年代，在日本留学生数量远少于西方国家的背景下，日本开始有计划地开展外国人才引进工作，分别于 1983 年和 2008 年提出"10 万留学生计划"和"30 万留学生计划"。一系列政策和计划的制订及实施拉动了日本外国留学生工作，2000 年到 2010 年日本外国留学生规模不断扩大。[1] 英国作为教育强国，其高等教育对外国留学生的吸引力较强。第二次世界大战后到 20 世纪末，随着英国经济的变化，其外国留学生工作呈现扩张、收缩、再扩张的趋势。1999 年以来，英国留学生工作进入全面推进时期，"首相行动"极大地促进了英国的海外教育。[2]

新中国成立初期，我国逐渐拉开来华留学生教育工作序幕，来自东欧的33 名留学生打了我国教育国际化的大门。半个多世纪以来，特别是改革开放后，来华留学生的规模不断扩大。2010 年中共中央、国务院颁布《国家中长期教育改革和发展规划纲要（2010－2020 年）》，该纲要强调要"扩大来华留学生规模"。同年，教育部出台《留学中国计划》，指出要不断完善来华

---

① 吴坚，赵杨，杨婧. 20 世纪 80 年代以来的日本政府留学生政策［J］. 高等教育研究，2009，30（12）：94－101.
② 王影. 英国"国际教育首相倡议计划"研究［D］. 重庆：西南大学，2017.

留学政策、法规、制度。明确政府、来华留学教育机构和来华留学人员的权利、义务和责任。保证来华留学工作规范发展，形成有利来华留学事业科学发展的体制和机制。在国家支持和引导下，近年来来华留学生规模不断扩大。2000年以来，来华留学生人数保持快速增长的态势，从2000年的5.2万人发展到2020年的52.9万人（见图8-1，以上数据均不含中国台湾、中国香港特别行政区和中国澳门特别行政区）。

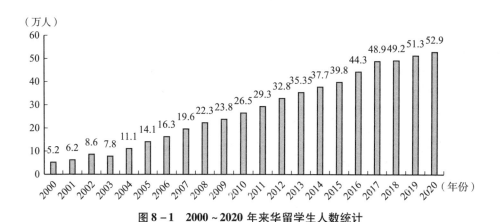

图8-1 2000～2020年来华留学生人数统计

资料来源：中华人民共和国教育部，国家留学基金管理委员会。

8.7.2 重视人才分布信息化研究，尽快推动建立海外人才资源库

建立国内重要行业、紧缺人才目录和海外高层次人才团队联络数据库，优化引进人才的年龄组成结构、行业构成结构等，搭建一体化的交流平台。一方面，加强信息化管理，整合全省人才信息资源，建立社会化、公益性、开放式、覆盖广的人才资源信息共享机制，建设人才信息网和数据库，特别是建立留学生人才信息库[①]，全面跟踪国外各领域中崭露头角并取得相当成果的留学人员，有的放矢地吸引人才回归。在外流人员比较集中的国家和地区设立人才招聘机构和联络机构，与海外学人保持经常联系，加强宣传工作

---

① 长江，杨颉. 我国吸引海外留学人才的对策建议 [J]. 中国高等教育，2003 (5)：29-31.

和信息沟通，打造高效、互动、便民、安全的人才资源公共信息平台和服务平台，有利于各项引才计划和工程得到更好的宣传和管理，提升工作效率，同时也便于社会化力量的监督。另一方面，交流平台的搭建有利于重点产业行业间交流，互通近期工作中的成果与瓶颈，促进同行业间人脉的形成，也更有利于协调同行业企业间竞争与合作的关系。实现信息化管理的具体途径有以下三点。

第一，整合各政府部门、高校、科研院所、企业等用人主体现有的信息网络，收集海外科技团队和科技专家的信息数据资源，同时，按照条件筛选当地重点学科还有其他行业要求的创新发展所需的海外人才和团队，建立专家数据库。

第二，广泛收集当地经济和科技发展的信息，拟定重要人才团队和急缺岗位的目录，编制"寻才"数据库，降低信息获取成本。在此基础上，大力鼓励企业与海外人才团队交换信息，保持联系与沟通，鼓励企业的引才积极性。同时，利用互联网关注国际人才的动向，积极参与人才交流，学习国际人才市场的运行机制，为海外人才团队式引进积累经验。

第三，充分调动各项资源，包括海外留学生与华人社团的广泛人才资源，可学习新加坡，在全球建立华裔联络站及其数据库，并保持长期紧密的联系。

8.7.3　创新国际人才吸引和集聚模式

目前，全新的人才招聘模式具备技术驱动和思维转变两个显著特征。

技术驱动，即善于利用"智能化的人才大数据""社交招聘"等方式，并高度关注海外人才成长的全生命周期。人才大数据可以帮助用人单位洞察和提升组织在海外地区的人才战略布局与业务目标和特征的适配性。通过大数据分析获取目标地区的目标人才，能够较为准确地了解人才特征、人才趋势、流动与供需情况。

思维转变，即从招聘结果的短期导向转变为中长期人才战略思维，重视人才吸引 + 海外雇主品牌建设。

一是用人单位建立人才引进和服务海外网络机制。探索在海外建立高层次人才吸引机制和人才服务平台，引进海外领军人才和知名团队，打造特色人才高地和全力构建区域内人才生态圈。以人才生态圈构建为主题主线，本着"共商共建共享共治"原则理念，提出特色鲜明切实可行和有全球竞争力的人才生态建设方案。

二是国内很多城市重视国际人才的标准制定，并不断开展人才识别和认定工作。比如北京国际商务中心区自 2021 年着手开展战略级和顶级人才的认定试点工作，一期选定 50 家 CBD 头部企业，推动人才认定方法带入，推动国际高层次人才动态管理和建成 CBD 人才库。同时，重视编制人才政策服务清单，落实人才服务主体责任和运行机制。

三是全球顶尖企业都在鼓励员工走向社交化，鼓励员工成为雇主品牌的形象大使。领英中国所推出的"公司评价功能"——鼓励在最佳雇主和世界 500 强企业工作的职场人分享其职业体验和职场故事，话题涵盖企业文化、薪资待遇、面试流程、职业发展前景等，以帮助海内外求职者获取更真实的职业发展信息。①

---

① 领英．中国海归人才吸引力报告 [R/OL]．[2024 - 04 - 03]．https：//business. linkedin. com/zh - cn/talent - solutions/s/sem - report - resources/overseas - talent - report.

参 考 文 献

［1］钟荣朱．人才引进政策对企业全要素生产率的影响研究［J］．中国市场．2024（2）：90 - 93.

［2］马骁，吴琼．深化中央企业人才体制机制改革政策分析与对策建议．［J］．现代国企研究．2024（2）：101 - 107.

［3］吴江．中国人事科学研究院课题"广东省海外人才引进绩效评价研究报告"［R］．2012.

［4］吴江．中国人事科学研究院——滨海新区建设人才管理改革试验区课题研究报告［R］．2014.

［5］吴江．深入实施人才强国战略［J］．红旗文稿，2023（3）：22 - 25.

［6］李浩，郝儒杰．制度、政策与机制：中国特色社会治理体系的运转机理［J］．中共福建省委党校（福建行政学院）学报，2021（4）：38 - 44.

［7］钱如意，谷力群．海外人才引进政策供需匹配情况及对策分析［J］．中阿科技论坛（中英文），2023（6）：40 - 45.

［8］金福熙（KIM BOKHEE）．韩国与中国海外人才引进政策比较研究［D］．昆明：云南大学，2019.

［9］郝玉明，张爽．完善国外人才引进签证与居留政策——基于国外政策的经验借鉴［J］．中国人力资源社会保障，2020（8）：36 - 38.

［10］张恬奕，任林琇．典型国家或地区人才引进政策比较分析及上海的对策［J］．科学发展，2023（2）：13 - 19.

［11］谢娜，马千慧．引进人才团队，助推新学科建设——以 K 医院心内学科为例［J］．人力资源，2020（10）：90 - 91.

［12］宋耀．高校人才引进学科团队制发展的前景分析［J］．改革与开放，2020（Z3）：99 - 101.

［13］陈晔，康腾．我国对外移民的现状及其影响因素研究［J］．区域与

全球发展，2021，5（1）：97－110，158.

[14] 毛凯梅.论人才集聚 [J].中国企业家，2012（13）：138－139.

[15] 王曙光，许泽旌.高层次人才引进政策的问题与建议——以哈尔滨市为例 [J].商业经济，2024（2）：101－103，107.

[16] 刘秋丹.人才引进政策实施效果评估——以新一线城市为例的主成分分析研究 [D].武汉：武汉大学，2023.

[17] 李慧.留学归国学者学术经历的质性研究 [D].厦门：厦门大学，2017.

[18] 张萌萌，路普庆.中小城市高层次科技人才集聚发展研究 [J].科技广场，2023（12）：33－40.

[19] 李星，周联涛.广东佛山顺德区 聚集产业发展评定高层次人才 [N].中国组织人事报，2022－11－28.

[20] 葛蕾蕾.我国海外高层次人才引进政策20年（2001—2020）：回顾、挑战与展望 [J].福建论坛（人文社会科学版），2021（11）：207－216.

[21] 李晨.猎头海外引才的制约因素与对策研究——以上海为例 [J].中国人事科学，2023（11）：33－44.

[22] 张兰霞，宋嘉艺，王莹.基于QFD的海外科技人才引进政策实施效果评价——以辽宁省为例 [J].技术经济，2017，36（5）：28－33.

[23] 段燕梅.新时代背景下高校创新人才培育办法探究 [J].教育信息化论坛，2022（8）：75－77.

[24] 田帆，曾红颖.借鉴国际经验 吸引海外人才回流 [J].宏观经济管理，2022（3）：32－37.

[25] 黄小彪，胡诗敏，刘玉华.创新机制集聚海外人才 助推建设粤港澳大湾区高水平人才高地 [J].产业创新研究，2022（2）：9－11.

[26] 王健美，鲁啸，李荣.新形势下北京海外高层次人才竞争方略与对策 [J].科技中国，2022（2）：89－93.

[27] 潘庆中.国际人才引进、激励、融入战略探析 [J].人民论坛·学术前沿，2021（24）：33－41.

[28] 张燕，宋征玺.我国高层次人才引进现状分析 [J].人才资源开

发，2021（9）：13－15.

[29] 张东旭. 印度海外人才资源开发的经验 [J]. 国际人才交流，2021（8）：58－61.

[30] 吴君静，骆一鸣. "国际化视角"下的海南自贸港海外高层次人才引进路径探究 [J]. 中国发展，2021（2）：64－67.

[31] 蒋鹏，江航. 大连市吸引海外留学人才回流的路径分析 [J]. 现代商业，2021（3）：59－61.

[32] 罗文芳. 福建省引进海外人才工作实践与探索 [J]. 就业与保障，2020（3）：20－21.

[33] 黄小彪，胡诗敏，刘玉华. 创新机制集聚海外人才 助推建设粤港澳大湾区高水平人才高地 [J]. 产业创新研究，2022（4）：9－11.

[34] 钟延红. 江苏省海外回流人才的就业创业服务及对策研究 [J]. 中国人事科学，2023（3）：70－80.

[35] 陈丽娴. 服务业开放、海外业务与就业——基于服务业上市公司的 PSM－DID 研究 [J]. 上海对外经贸大学学报，2021，28（4）：55－68.

[36] 徐琇佳. 社会网络视阈下的来华留学生就读体验研究 [J]. 国际公关，2023（22）：194－196.

[37] 王丹. "人类命运共同体"视域下来华留学教育中的文化认同研究 [J]. 河南社会科学，2023（7）：102－109.

[38] 马贵舫. 引进海外高层次人才困境与对策 [J]. 人力资源，2023（12）.

[39] 董振华. 新时代高校高层次人才队伍建设路径探析 [J]. 人才资源开发，2023（12）：12－14.

[40] 王通讯. 王通讯人才论集 [M]. 北京：中国社会科学出版社，2001.

[41] 王辉耀. 人才战争 [M]. 北京：中信出版社，2009.

[42] 潘云良. 人力资源管理与测评 [M]. 北京：中共中央党校出版社，2004.

[43] 沈荣华，等. 人才引进与保持 [M]. 北京：党建读物出版社，2008.

[44] 张再生，杨庆．海外高端人才政策评估及优化对策研究 [J]．天津大学学报（社会科学版），2016，18（2）：123 – 128.

[45] 张序，张霞．机制：一个亟待厘清的概念 [J]．理论与改革，2015（2）：13 – 15.

[46] 袁旭东．中国引进海外人才的理论分析与实证研究 [D]．长春：吉林大学，2009.

[47] 韩丹．"海外高层次人才引进"战略创新研究：以长春市为例 [D]．长春：吉林大学，2011.

[48] 王克静．全球化背景下我国海外优秀人才引进和使用问题研究 [D]．北京：中国科学技术信息研究所，2010.

[49] 毛凯梅．论人才集聚 [J]．中外企业家，2012（7）.

[50] 王振源．高绩效企业文化与人力资源管理活动的关系 [J]．商场现代，2006（28）：235 – 237.

[51] 萧鸣政，韩溪．改革开放 30 年中国人才政策回顾与分析 [J]．中国人才，2009（1）：12 – 15.

[52] 萧鸣政，饶伟国．基于人力资本的人力资源开发战略思考 [J]．中国人力资源开发，2006（8）：10 – 14.

[53] 萧鸣政．中国政府人力资源开发及其战略 [J]．上海行政学院报，2007，8（3）：73 – 79.

[54] 倪海东，杨晓波．我国海外高层次人才引进与服务政策协调研究 [J]．中国行政管理，2014（6）：4.

[55] 张贤明．强化政府社会管理职能的基本依据、观念定位与路径选择 [J]．行政论坛，2012（4）：36 – 41.

[56] 李军．略论现行评价机制的历史作用及其危害 [J]．编辑学报，2021，33（2）：119 – 128，146.

[57] 高子平．外籍人才引进的风险管理研究 [J]．中国行政管理，2013（9）：77 – 81.

[58] 吴江．构建城市人才竞争力的治理优势 [R]．南京：江苏省科技发展战略研究院和南京市科技信息研究所，2018.

［59］陈瑞娟 . 新发展阶段海外华侨华人高层次人才回流趋势研究 ［J］. 青年探索，2021 （4）：94 - 103.

［60］Jef Huysmans. The Politics of Insecurity：Fear，Migration and Asylum in the EU ［J］. Journal of International Relations & Development，2008，11 （2）.

［61］Lowell，Findlay. Migration of Highly Skilled Persons from Developing Countries：Impact and Responses ［J］. Report Prepared for the International Labor Policy Office，2001，44 （25）.

［62］Steven Vertovec. Transnational Networks and Skilled Labour Migration ［J］. Laden Burger Diskurs "Migration" Gottlieb and Karl Daimler BenzSifting，Ladenburg，2002 （2）.

［63］Ron Skeldon. Globalization，Skilled Migration and Poverty Alleviation：Brain Drains in Context ［M］. Issued by the Development Research Centre on Migration，Globalization and Poverty，2005.

［64］Selivanovskikh Louisa，Latuka Marina，Yanbing Mao. From Brain drain to Brain Gain in Emerging Markets：Exploring the New Agenda for Global Talent Management in Talent Migration ［J］. European J. of International Management，2020，1 （1）.

［65］Marini G，Yang L. Globally Bred Chinese Talents Returning Home：An Analysis of a Reverse Brain - Drain Flagship Policy ［J］. Science and Public Policy，2021，48.

［66］Angelica Gatiiria Gitonga. Influence of Human Resource Capability in Relating Talent Management Strategy and Competitive Advantage ［J］. Journal of Human Resource Management，2019，7 （4）.

［67］Winning the "War for Talent"：How Talent Management Strategies Help Organizations to Keep Talented People ［J］. Human Resource Management International Digest，2021，29 （4）.

［68］Fang Dan，Chen Xinhui，Xi Xin. Clustering Analysis on the Introduction of Talents in Colleges ［J］. International Journal on Data Science and Technology，2018，4 （1）.

后　记

　　本书的部分内容来源于本人2012~2015年在中国人事科学研究院从事博士后研究的出站报告，部分内容是我和我的研究生梁力兮同学共同合作的成果，近年来又充分借鉴和吸收了大量国内外学者的研究资料。临近出版之际，对给予我帮助的诸多学者、老师和朋友致以最真诚的谢意！

　　感谢我的博士后合作导师吴江教授！吴江老师在海外人才开发研究领域久负盛名、著述颇丰，能够跟随先生学习是我的幸福！感谢吴江老师在广东海外人才绩效评价研究以及天津滨海新区人才规划研究项目中给予我的学术锻炼和学术指导！尤其是经吴江老师同意，本书将广东海外人才团队建设的绩效评价作为典型案例进行了介绍。感谢康秀妍、张晨颖同学，她们参与了书稿的后期修改，做了大量工作！

　　2019年12月以来，我先后承担了中央财经大学青年创新团队建设问题研究、上海社科院高子平研究员主持的2018国家社科基金重大项目的子课题——"对接国际人才市场的资源配置机制建设"、北京CBD国际商务人才集聚与政策创新研究，主持《北京CBD人才发展白皮书》编写工作，相关研究工作帮助我获得了丰富的有关海外人才团队式引进研究的第一手资料。感谢北京市朝阳区委组织部、北京商务中心区管委会、朝阳区学人中心的各位领导和朋友。感谢上海社科院高子平研究员为我提供了大量的珍贵资料。

　　在本书的写作过程中，本人参考了诸多国内外同行的研究成果，对参考和借鉴的资料都做了注释或标注，但书中难免有疏漏或不足之处，恳请相关专家学者和读者能够见谅。

张相林

2024年3月